달달 읽고 곰곰 생각하는

달곰한
문해력

초등 어휘

달콤한 공부계획

국어

주제 01	주제 02	주제 03	주제 04	주제 01~04 주간 학습
월 / 일	월 / 일	월 / 일	월 / 일	월 / 일
주제 05	주제 06	주제 07	주제 08	주제 05~08 주간 학습
월 / 일	월 / 일	월 / 일	월 / 일	월 / 일

사회

주제 01	주제 02	주제 03	주제 04	주제 01~04 주간 학습
월 / 일	월 / 일	월 / 일	월 / 일	월 / 일
주제 05	주제 06	주제 07	주제 08	주제 05~08 주간 학습
월 / 일	월 / 일	월 / 일	월 / 일	월 / 일

과학

주제 01	주제 02	주제 03	주제 04	주제 01~04 주간 학습
월 / 일	월 / 일	월 / 일	월 / 일	월 / 일
주제 05	주제 06	주제 07	주제 08	주제 05~08 주간 학습
월 / 일	월 / 일	월 / 일	월 / 일	월 / 일

우리는 매일 국어, 과학, 사회 등의 교과 수업을 들으며 새로운 낱말을 만나요. 이 낱말들은 우리가 세상을 이해하고, 더 많은 지식을 쌓는 데 도움을 주어요. 하지만 낱말의 뜻을 잘 모르면 공부가 어려워질 수 있어요.

'달곰한 문해력 초등 어휘'는 여러분이 일상생활뿐만 아니라 교과 과목에서 자주 만나는 중요한 낱말들을 재미있게 익힐 수 있도록 도와줄 거예요. 그림과 함께 이야기를 읽으며 낱말의 뜻을 추론하고, 어휘 반복 학습을 통해 낱말을 확실히 익힐 수 있도록 구성했어요. 여러분의 어휘력이 쑥쑥 자라도록 도와줄게요.

그럼, 이제 '달곰한 문해력 초등 어휘'를 시작해 봐요!

WHY 왜 어휘를 따로 공부해야 할까요?

어휘는 문해력의 기본

어휘는 문해력의 기본이 되기 때문입니다. 문해력은 단순히 글을 읽고 해석하는 것에서 나아가 글과 문장 속에 숨어 있는 맥락을 찾아내고 그 것을 내재화하여 확장하는 능력까지 포함되는 것입니다. 이를 위해서는 글과 문장 속에 있는 어휘의 정확한 뜻을 인지하고 있어야 합니다. 뜻 해석을 넘어 문장과 글, 다른 상황에도 확장하여 활용할 수 있어야 하기 때문입니다.

어휘는 모든 교과서의 기본

부족한 어휘 지식은 국어만이 아니라 수학, 사회, 과학을 학습할 때도 맥락과 상황, 현상을 이해하는 데 걸림돌이 될 수 있습니다. 모든 교과 학습에서 기본은 우리말인 국어이며 각 교과에서 필수적으로 알아야 할 어휘들이 바탕이 되어야 온전히 교과 학습을 이해할 수 있습니다.

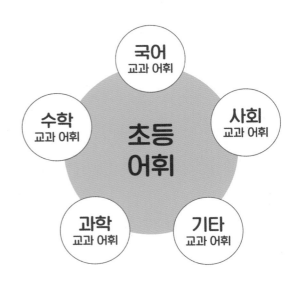

WHAT 어떤 어휘를 공부해야 할까요?

학년별 필수 교과 어휘

어휘 공부에서 가장 기본적인 바탕이 되는 것은 교육과정에 따른 교과 어휘입니다. 따라서 과목별로 교과 필수 어휘를 공부하는 것이 가장 중요합니다. 이때 어휘는 과목별로 따로 익혀야 합니다. 교육과정에 따른 각 과목의 교과 어휘를 별도로 학습해야 해당 교과를 공부할 때 어휘를 적재적소에 활용할 수 있기 때문입니다. 또한 해당 학년 외에 선행 어휘를 익힐 필요도 있습니다. 학년에 맞는 수준으로 쓴 글이나 문장도 일부 어휘의 난이도가 높을 수 있기 때문입니다.

학습이 필요한 어휘

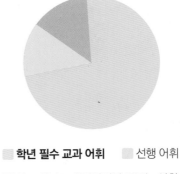

■ 학년 필수 교과 어휘   ■ 선행 어휘
■ 알고 있다고 생각하지만 모르는 어휘

HOW 어떻게 어휘를 공부해야 할까요?

의미 연결 학습

어휘를 단순히 나열하여 암기하는 방법으로는 어휘를 오래 기억하고 내재화하기 어렵습니다. 따라서 어휘는 의미를 연결 지어 학습하는 것이 효과적입니다.

문맥 속 추론 학습

어휘의 뜻만 기억하는 것보다, 어휘가 사용된 문맥 속에서 직접 추론하고 뜻을 익히면 기억에 오래 남아 다른 상황에서도 해당 어휘를 효과적으로 활용할 수 있습니다.

반복 학습

어휘력 향상은 기억력과의 싸움입니다. 따라서 반복 학습을 통해 어휘를 계속 기억할 수 있도록 해야 합니다. 해당 어휘가 사용되는 여러 상황을 반복적으로 접함으로써 어휘의 활용 능력도 향상시킬 수 있습니다.

달곰한 문해력 초등 어휘
한 권으로 어휘 학습 완성!

『달곰한 문해력 초등 어휘』는 각 학년 교과 필수 어휘를 완벽하게 익히는 완전 학습이 가능합니다. 교과 어휘 중 가장 핵심적인 어휘를 선정하여 주제별로 묶어 어휘를 의미적으로 연결하여 학습합니다. 지문의 문맥 속에서 추론하며 익히고, '일일 학습-주간 학습-어휘 평가'까지 세 번의 반복 학습을 통해 완전 학습이 가능합니다.

주제
낱말밭을 통해
의미적으로 연결된
어휘 학습

지문을 통해
문맥 속 어휘의 뜻
추론 학습

[일일 학습-
주간 학습
-어휘 평가]로 이어지는
반복 학습

이 책의 활용법

나에게 맞는 어휘 **학습 주기**로 계획을 세워 공부해요.

10일

과목별 집중 학습

국어, 사회, 과학 어휘를
순서대로 각각 10일씩
총 30일 학습**해요.**

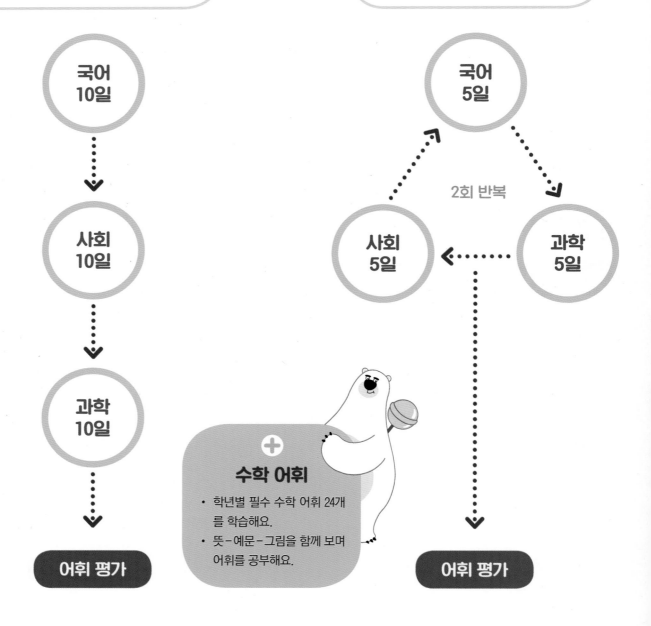

국어
10일

↓

사회
10일

↓

과학
10일

↓

어휘 평가

5일

과목별 선택 학습

국어, 사회, 과학 중
원하는 과목을 골라서
5일씩 학습을 두 번 **해요.**

국어
5일

2회 반복

사회
5일

과학
5일

↓

어휘 평가

➕ 수학 어휘

- 학년별 필수 수학 어휘 24개를 학습해요.
- 뜻 – 예문 – 그림을 함께 보며 어휘를 공부해요.

"달곰한 문해력 초등 어휘와 함께
체계적인 어휘 학습을 시작해 보세요"

추천사 **김택수 교수님**
경희사이버대학교
한국어문화학부 초빙교수

어휘력은 우리의 삶과 세상을 이해하는 가장 기본이 되는 도구입니다. 단순히 많은 단어를 아는 것을 넘어서서, 단어들이 담고 있는 깊이 있는 의미와 뉘앙스를 이해하고, 이를 통해 세상을 더욱 섬세하게 바라볼 수 있게 해주는 중요한 역할을 합니다.

어휘를 잘 모르면 어떤 일이 벌어질까요? 단어의 뜻을 모르므로 글에 대한 이해력이 떨어지고, 학습에 어려움을 겪게 될 것입니다. 또래 친구들과의 소통에서 문제가 생길 수도 있습니다. 어휘력이 낮으므로 자신을 표현할 수단이 적어 자기 생각과 감정을 정확하게 표현하기 어렵게 됩니다. 이에 따라 사회적 관계 형성과 유지 등 사회적 측면에서도 어려움을 경험하게 할 수 있습니다.

이러한 문제가 생기지 않게 하기 위해서는 체계적인 접근이 필요합니다. 먼저, 주제별 필수 어휘 학습을 시작으로 기초 어휘를 이해하고 단계적으로 확장하는 체계적인 어휘 학습이 매우 중요합니다.

또한 어휘를 단순히 나열하고 암기하는 방식이 아닌 추론과 반복 학습을 통해 여러 가지 상황과 다양한 문맥에서 그 의미를 이해하는 맥락 중심의 학습이 필요합니다. 여기에 규칙적이고 지속적인 복습과 적용 연습을 통한 반복 학습이 더해지면 학습자의 어휘력은 더욱 성장하게 될 것입니다.

'달곰한 문해력 초등 어휘'는 이러한 요소들을 통합적으로 제공합니다. '주제 낱말밭'을 통해 어휘를 의미적으로 연결한 어휘 학습을 제공하며, 단계적인 어휘력 향상과 맥락 속에서 자연스럽게 어휘를 이해하는 능력을 신장하는 데 도움을 줍니다.

이러한 과정을 통해 차근차근 하나하나 주어진 과제를 수행하면 '세상을 이해하는 단단한 틀'을 지니게 될 뿐만 아니라 다채로운 생각과 시선으로 삶을 마주하리라 생각합니다.

이 책의
구성과 특징

❶ 낱말밭

주제 어휘로 구성된 낱말밭의 그림과 이야기를 살펴보며 낱말의 뜻을 추론해요.

❷ 긴 글 읽기

다양한 종류의 긴 글을 읽으며 어휘의 뜻을 추론해요.

❸ 낱말밭 사전

어휘의 정확한 뜻을 확인하고 익혀요.

❹ 낱말밭 일일 학습 (1단계 확인과 적용)

여러 가지 유형의 어휘 확인 및 적용 문제를 풀면서 어휘를 학습해요.

❺ 낱말밭 일일 학습 (2단계 활용)

앞에서 배운 어휘를 활용하여 문장을 직접 만들어 써 봐요.

❻ 낱말밭 주간 학습

다양한 유형의 문제를 풀면서 4일간 학습한 어휘를 반복 학습해요.

❼ 디지털 속 한 문장

실생활에서 자주 접하는 디지털 장면에서 어휘를 활용한 글쓰기를 해 봐요.

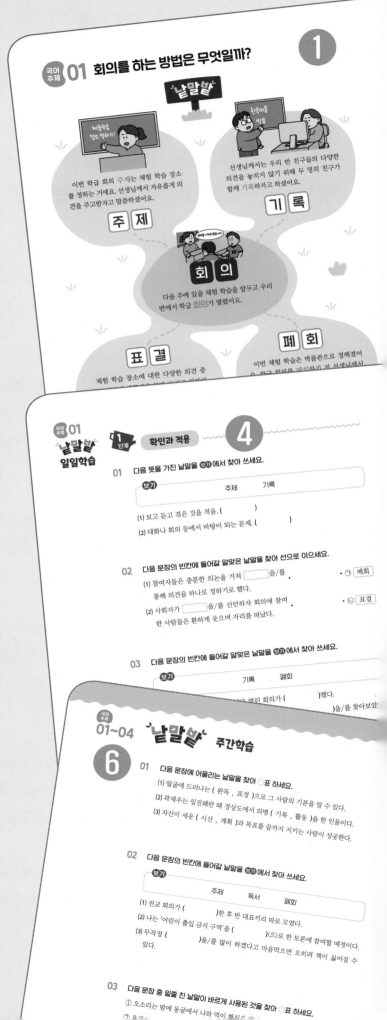

다음 글을 읽으며, 빈칸에 들어갈 낱말을 낱말밭에서 찾아 각각 써 보세요.

2

2023년 3월, 서울의 한 건물에서 아동 기본법에 대한 의견을 나누는 (1) □ㅎ□ 이/가 열렸다. 온라인으로 참가 신청을 한 100여 명의 어린이와 청소년들이 직접 참여했다. 이들이 모인 회의의 (2) □ㅈ□ 은/는 '아동이 제안하는 아동 기본법'으로, 어린이와 청소년이 자신들을 위한 법을 만드는 행사였다.

100여 명의 참가자들은 여러 모둠으로 나뉘어 어린이가 행복한 삶을 누릴 권리에 대해 다양한 생각과 의견을 주고받았다. 한 모둠원이 의견을 내면 다른 모둠원들이 함께 토의하고, 법안으로 넣을지 (3) □ㄱ□을/를 통해 결정했다. 법안으로 결정된 의견은 다른 모둠도 볼 수 있게 큰 종이에 (4) □ㄱ□ 했다. 이렇게 나온 법안은 '아동 기본법'이라는 책으로 엮었다. (5) □ㅍㅎ 와 함께 모든 일정이 마무리된 후에도 참가자들은 스스로 어린이를 위한 법을 만들고 권리를 찾는 일에 도움을 주었다는 사실에 뿌듯해했다.

3

확인 ☑

낱말밭 사전

회의 여러 사람이 한 자리에 모여 어떤 문제를 놓고 의논하는 것

정답 및 해설 4쪽

05 다음 밑줄 친 부분과 뜻이 반대되는 낱말을 찾아 쓰세요.

회의에서 사회자는 회의 절차를 안내하는 역할을 한다. 사회자는 가장 먼저 개회를 선언하여 회의의 시작을 알린다. 회의가 시작되면 참여자에게 말할 기회를 골고루 주며 회의를 진행한다. 회의에서 나온 의견 중에서 표결을 통해 의견을 결정하도록 이끌며, 회의를 마칠 때는 폐회를 선언해 회의가 끝났다는 것을 안내한다.

( )

06 다음 빈칸에 들어갈 낱말로 알맞은 것은 무엇인가요? ( )

신라에는 '화백'이라는 전통이 있었다. 왕의 죽음이나 전쟁처럼 나라에 큰일이 생기면 귀족들이 모여 □□을/를 열고 나랏일을 결정했다. 화백은 모두가 찬성해야만 의견이 결정되는 특징이 있다.

① 표결 ② 회의 ③ 폐회 ④ 기록 ⑤ 주제

2단계 활용 **5**

07 다음 보기와 같이 주어진 낱말을 넣어 짧은 문장을 만들어 쓰세요.

보기
주제
✏️ 학급 회의에서는 현장 체험 학습 모둠을 정하는 방법을 주제로 삼았다.

(1) 기록
✏️

(2) 회의
✏️

낱말을 모두 넣어 짧은 문장을 만들어 쓰세요.

폐결

7

🧑‍💻 디지털 속 한 문장

정답 및 해설 8쪽

다음을 보고, 주제라는 낱말을 넣어 ㉠에 들어갈 답글을 글이나 문장으로 쓰세요.

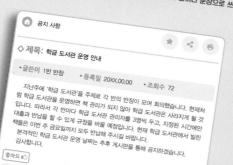

🏠 공지 사항
⭐ 🔗 🖨️

◇ 제목: 학급 도서관 운영 안내

• 글쓴이 1반 반장 • 등록일 20XX.00.00 • 조회수 72

지난주에 '학급 도서관'을 주제로 각 반의 반장이 모여 회의했습니다. 현재처럼 학급 도서관을 운영하면 책 관리가 되지 않아 학급 도서관은 사라지게 될 것입니다. 따라서 각 반마다 학급 도서관 관리자를 3명씩 두고, 지정된 시간에만 대출과 반납을 할 수 있게 규정을 바꿀 예정입니다. 현재 학급 도서관에서 빌린 책들은 이번 주 금요일까지 모두 반납해 주시길 바랍니다. 본격적인 학급 도서관 운영 날짜는 추후 게시판을 통해 공지하겠습니다. 감사합니다.

👍 좋아요

> 답글 ▾

부록

▶ 수학 필수 어휘

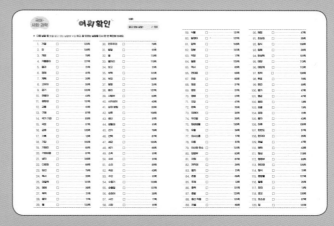

▶ 국어/사회/과학 어휘 확인

▶ 국어/사회/과학 어휘 평가

이 책의 차례

부록

· 국어 / 사회 / 과학 어휘 확인

· 국어 어휘 평가　　· 사회 어휘 평가　　· 과학 어휘 평가

국어

01~04

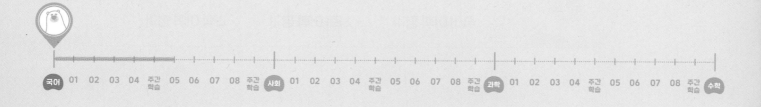

국어 01 02 03 04 주간
학습 05 06 07 08 주간
학습 사회 01 02 03 04 주간
학습 05 06 07 08 주간
학습 과학 01 02 03 04 주간
학습 05 06 07 08 주간
학습 수학

주제별로 묶어 어휘를 의미적으로 연결하여 학습해 봐!

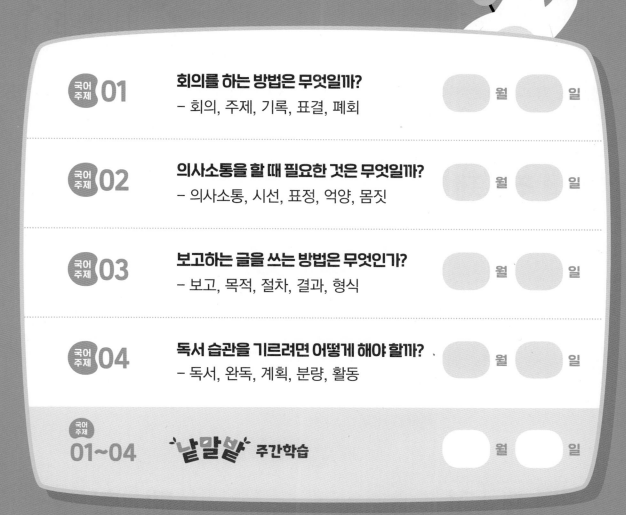

회의를 하는 방법은 무엇일까?

이번 학급 회의 **주제**는 체험 학습 장소를 정하는 거예요. 선생님께서 자유롭게 의견을 주고받자고 말씀하셨어요.

주 제

선생님께서는 우리 반 친구들의 다양한 의견을 놓치지 않기 위해 두 명의 친구가 함께 **기록**하자고 하셨어요.

기 록

회 의

다음 주에 있을 체험 학습을 앞두고 우리 반에서 학급 **회의**가 열렸어요.

표 결

체험 학습 장소에 대한 다양한 의견 중 한옥 마을과 박물관을 골라 **표결**로 정하기로 했어요.

폐 회

이번 체험 학습은 박물관으로 정해졌어요. 학급 회의를 **폐회**하기 전 선생님께서 체험 학습 준비물을 알려 주셨어요.

다음 글을 읽으며, 빈칸에 들어갈 낱말을 낱말밭에서 찾아 각각 써 보세요.

　　2023년 3월, 서울의 한 건물에서 아동 기본법에 대한 의견을 나누는 (1) [ㅎ][ㅇ] 이/가 열렸다. 온라인으로 참가 신청을 한 100여 명의 어린이와 청소년들이 직접 참여했다. 이들이 모인 회의의 (2) [ㅈ][ㅈ] 은/는 '아동이 제안하는 아동 기본법'으로, 어린이와 청소년이 자신들을 위한 법을 만드는 행사였다.

　　100여 명의 참가자들은 여러 모둠으로 나뉘어 어린이가 행복한 삶을 누릴 권리에 대해 다양한 생각과 의견을 주고받았다. 한 모둠원이 의견을 내면 다른 모둠원들이 함께 토의하고, 법안으로 넣을지 (3) [ㅍ][ㄱ] 을/를 통해 결정했다. 법안으로 결정된 의견은 다른 모둠도 볼 수 있게 큰 종이에 (4) [ㄱ][ㄹ] 했다. 이렇게 나온 법안은 '아동 기본법'이라는 책으로 엮었다. (5) [ㅍ][ㅎ] 와 함께 모든 일정이 마무리된 후에도 참가자들은 스스로 어린이를 위한 법을 만들고 권리를 찾는 일에 도움을 주었다는 사실에 뿌듯해했다.

낱말밭 사전

확인 ✔

* **회의**　여러 사람이 한 자리에 모여 어떤 문제를 놓고 의논하는 것. ☐

* **주제**　대화나 회의 등에서 바탕이 되는 문제. ☐

* **기록**　보고 듣고 겪은 것을 적음. ☐

* **표결**　회의에서 어떤 일을 투표로 결정함. ☐

* **폐회**　대회나 회의 등을 마치는 것. ☐

 확인과 적용

01 다음 뜻을 가진 낱말을 보기에서 찾아 쓰세요.

> **보기**
>
> 주제   기록

(1) 보고 듣고 겪은 것을 적음. (   )

(2) 대화나 회의 등에서 바탕이 되는 문제. (   )

02 다음 문장의 빈칸에 들어갈 알맞은 낱말을 찾아 선으로 이으세요.

(1) 참여자들은 충분한 의논을 거쳐 [   ]을/를
통해 의견을 하나로 정하기로 했다.

•   • ㉠ 폐회

(2) 사회자가 [   ]을/를 선언하자 회의에 참여
한 사람들은 환하게 웃으며 자리를 떠났다.

•   • ㉡ 표결

03 다음 문장의 빈칸에 들어갈 알맞은 낱말을 보기에서 찾아 쓰세요.

> **보기**
>
> 기록   폐회

(1) 지난 수요일, 의회에서 임시로 열린 회의가 (   )했다.

(2) 김 형사는 이번 사건을 새로 맡자 비슷한 사건의 (   )을/를 찾아보았다.

04 다음 빈칸에 공통으로 들어갈 낱말로 알맞은 것은 무엇인가요? (   )

> [   ]을/를 하는 방법에는 여러 가지가 있다. 거수 [   ]은/는 의견
> 에 찬성하는 사람과 반대하는 사람의 손을 들게 해서 그 수를 세는 방법이다.
> 기립 [   ]은/는 찬성하는 사람이나 반대하는 사람을 일어서게 해서 그
> 수를 헤아려서 의견을 결정한다.

① 회의   ② 주제   ③ 기록   ④ 표결   ⑤ 폐회

05 다음 밑줄 친 부분과 뜻이 반대되는 낱말을 찾아 쓰세요.

> 회의에서 사회자는 회의 절차를 안내하는 역할을 한다. 사회자는 가장 먼저 개회를 선언하여 회의의 시작을 알린다. 회의가 시작되면 참여자에게 말할 기회를 골고루 주며 회의를 진행한다. 회의에서 나온 의견 중에서 표결을 통해 의견을 결정하도록 이끌며, 회의를 마칠 때는 폐회를 선언해 회의가 끝났다는 것을 안내한다.

(   )

06 다음 빈칸에 들어갈 낱말로 알맞은 것은 무엇인가요? (   )

> 신라에는 '화백'이라는 전통이 있었다. 왕의 죽음이나 전쟁처럼 나라에 큰일이 생기면 귀족들이 모여 [   ]을/를 열고 나랏일을 결정했다. 화백은 모두가 찬성해야만 의견이 결정되는 특징이 있다.

① 표결   ② 회의   ③ 폐회   ④ 기록   ⑤ 주제

2단계 **활용**

07 다음 보기와 같이 주어진 낱말을 넣어 짧은 문장을 만들어 쓰세요.

> **보기**
>
> 주제
>
> ✎ 학급 회의에서는 현장 체험 학습 모둠을 정하는 방법을 주제로 삼았다.

(1) 기록

✎ --

(2) 회의

✎ --

08 다음 두 낱말을 모두 넣어 짧은 문장을 만들어 쓰세요.

> 주제   표결

✎ --

아빠와 나는 아직 사야 할 물건이 많이 남았어요. 하지만 아빠는 외국인과 시선을 맞추며 대화했어요.

시 선

아빠와 외국인은 제가 알아들을 수 없는 영어로 대화했어요. 그래서 저는 무슨 말인지 알 수 없는 표정만 지었어요.

표 정

의 사 소 통

아빠와 마트에서 물건을 사다가 아빠의 회사 동료인 외국인을 만났어요. 아빠와 외국인은 영어로 의사소통을 했어요.

억 양

아빠는 원래 낮은 목소리로 조용하게 말해요. 하지만 그 외국인이 반가웠는지 평소보다 억양이 높아지고 목소리도 커졌어요.

몸 짓

아빠는 나를 외국인에게 소개해 주셨어요. 말은 통하지 않았지만 몸짓으로 반가움을 표현했어요.

다음 글을 읽으며, 빈칸에 들어갈 낱말을 낱말밭에서 찾아 각각 써 보세요.

우리는 생각이나 기분을 어떻게 전달할까? 입으로 말하기 전에는 손과 발을 움직이는 (1)[ㅁ | ㅈ]으로 전달했다. 이후 공통적인 소리의 규칙을 만들면서 말로 (2)[ㅇ | ㅅ | ㅅ | ㅌ]하는 방법을 발전시켜 왔다. 오늘날 전 세계에서 쓰는 언어는 7천여 개나 된다.

사람들은 자신이 말하려는 뜻을 전하려고 다양한 방식으로 말한다. 우선 말을 끝맺을 때 높게 끝내는지, 낮게 끝내는지 (3)[ㅇ | ㅇ]에 따라 전하는 뜻이 다르다. 공놀이를 시작할 때 "해(↗)"라고 끝을 올려서 말하면 시작해도 되냐는 의미이고, 끝을 내려서 "해(↘)"라고 대답하면 시작해도 된다는 의미이다. 그리고 상대방에게 무언가를 말할 때 듣는 이가 찡그린 (4)[ㅍ | ㅈ]을 보이면 이야깃거리를 바꾸기도 한다.

최근에는 대화 중에도 상대방을 바라보지 않는 경우가 많아졌다. 뜻을 전달할 때는 억양과 표정도 중요하지만 가장 중요한 것은 상대방의 눈을 바라보며 (5)[ㅅ | ㅅ]을 맞추는 것임을 잊어서는 안 된다.

낱말밭 사전

확인 ☑

* **의사소통** 가지고 있는 생각이나 뜻을 서로 나눔. ☐

* **시선** 눈이 바라보는 방향. ☐

* **표정** 생각이나 기분이 얼굴에 드러난 모습. ☐

* **억양** 말하는 소리의 높낮이. ☐

* **몸짓** 몸을 움직이는 모양. ☐

01 다음 낱말의 뜻으로 알맞은 것을 **보기** 에서 찾아 기호를 쓰세요.

> **보기**
> ㉠ 몸을 움직이는 모양.
> ㉡ 눈이 바라보는 방향.
> ㉢ 생각이나 기분이 얼굴에 드러난 모습.

(1) 시선 (   )　　(2) 표정 (   )　　(3) 몸짓 (   )

02 다음 문장의 빈칸에 들어갈 낱말을 **보기** 에 있는 글자 카드로 만들어 보세요.

> **보기**
>
> | 소 | 의 | 양 | 통 | 억 | 사 |
> |---|---|---|---|---|---|

(1) 동물들은 인간과 다른 방식으로 (   )을/를 한다.

(2) '응'이라는 표현은 (   )을/를 올리면 놀라서 묻는 뜻이 된다.

03 다음 문장 중 밑줄 친 낱말이 바르게 사용된 것을 찾아 ○표 하세요.

① 한 골을 넣은 축구 선수들은 자신만만한 표정을 지었다. (   )

② 아이는 장난감 가게 앞에서 억양을 떼지 못하고 서 있었다. (   )

04 다음 ㉠과 ㉡에 들어갈 알맞은 낱말을 바르게 짝 지은 것은 무엇인가요?

(   )

> 서준: 정민이가 미술 대회를 망쳐서 오늘 내내 찌푸린 [㉠]을 짓고 있네.
> 채은: 괜찮다고 말하면서도 자꾸만 [㉡]을 피하더라고.
> 서준: 속상한 정민이를 위로할 방법을 찾아보자.

① ㉠: 억양 - ㉡: 시선　　② ㉠: 표정 - ㉡: 시선　　③ ㉠: 억양 - ㉡: 표정

④ ㉠: 표정 - ㉡: 몸짓　　⑤ ㉠: 시선 - ㉡: 의사소통

05 다음 빈칸에 공통으로 들어갈 낱말로 알맞은 것은 무엇인가요? (   )

> 고래는 아주 낮고 깊게 소리를 울려서 다른 고래들과 [   ]을 한다. 소리는 넓고 깊은 바닷속에서 고래들의 중요한 [   ] 수단이다. 특히 대왕고래들은 소리로 약 800킬로미터 떨어진 고래와도 대화할 수 있다. 그리고 인간의 사투리처럼 사는 지역에 따라 소리의 높낮이나 음색이 다르다고 한다.

① 시선   ② 표정   ③ 억양   ④ 몸짓   ⑤ 의사소통

06 다음 빈칸에 들어갈 알맞은 낱말을 **보기**에서 찾아 쓰세요.

보기

> 몸짓   억양

> 간혹 심하게 큰 소리나 높은 [㉠]으로 말하는 사람들을 볼 때가 있다. 그리고 자기 의견을 전달하려고 쉬지 않고 팔을 길게 뻗고 흔드는 등의 [㉡]을 취하는 사람들도 있다. 이런 행동보다 낮고 확신에 찬 목소리, 단정한 움직임이 듣는 이에게 내용을 더 잘 전달하고 믿음도 줄 수 있다.

(1) ㉠: (   ) (2) ㉡: (   )

2단계 활용

07 다음 **보기**와 같이 주어진 낱말을 넣어 짧은 문장을 만들어 쓰세요.

보기

표정

✎ 인공 지능 로봇은 사람들의 표정에서 감정을 읽어 낼 수 있다.

(1) 억양

✎ --

(2) 시선

✎ --

우리나라에 살고 있는 나비를 연구하기 위한 **목적**으로 석주명은 한라산에서 나비를 채집했어요.

목 적

석주명은 그동안 채집한 나비들의 무늬를 하나하나 살펴보는 **절차**를 거치면서 나비를 연구했어요.

절 차

보 고

석주명은 우리나라에서 발견된 새로운 나비들을 학계에 **보고**한 유명한 나비 학자예요.

결 과

석주명의 연구 **결과**, 그동안 알려지지 않은 우리나라의 새로운 나비들이 사람들에게 알려졌어요.

형 식

석주명은 우리나라 나비에게 어려운 이름 대신 한글 **형식**으로 된 예쁘고 정겨운 이름을 지어 주었어요.

산굴뚝나비 · 제주 왕나비

다음 글을 읽으며, 빈칸에 들어갈 낱말을 낱말밭에서 찾아 각각 써 보세요.

　　세계 자연 기금에서 2022년에 내놓은 「지구 생명 보고서 2022」의 (1)[ㅂㄱ]에 따르면, 지난 50년 동안 전 세계 야생 동물의 수가 평균 69% 줄어들었다고 한다. 세계 자연 기금에서는 전 세계의 생물의 다양성을 점검하고 지구 환경 문제를 전 세계인들에게 알리고자 하는 (2)[ㅁㅈ](으)로 2년마다 보고서를 펴내고 있다.

　　이 보고서를 만들기 위해 과학자들은 전 세계에서 나오는 논문과 생물 관찰 자료들을 분석하는 (3)[ㅈㅊ]을/를 거친다. 이와 같은 분석 (4)[ㄱㄱ]을/를 바탕으로 발표된 것이 '지구 생명 지수'이다. 지구 생명 지수는 전 세계 지역의 생물 다양성, 동식물이 마실 수 있는 물의 양, 알을 낳기 위해 이동하는 물고기들의 수 등을 도표 (5)[ㅎㅅ](으)로 제시하여 지구의 환경 문제를 한눈에 보여 준다. 이번 「지구 생명 보고서 2022」의 내용들은 우리의 환경 문제와 생물 다양성 문제가 얼마나 심각한지 드러내고 있다.

낱말밭 사전

확인 ☑

* **보고**　일에 관한 내용이나 결과를 말이나 글로 알림. ☐

* **목적**　어떤 일을 통해 이루려는 것. ☐

* **절차**　일을 하는 데 거치는 순서나 방법. ☐

* **결과**　어떤 원인이나 까닭으로 생긴 일. ☐

* **형식**　겉으로 드러나 보이는 틀. ☐

 확인과 적용

01 다음 뜻을 가진 낱말을 **보기** 에서 찾아 쓰세요.

> **보기**
>
> 목적   형식   절차

(1) 겉으로 드러나 보이는 틀. (   )

(2) 어떤 일을 통해 이루려는 것. (   )

(3) 일을 하는 데 거치는 순서나 방법. (   )

02 다음 초성을 보고, 빈칸에 들어갈 알맞은 낱말을 쓰세요.

(1) ㅈ ㅊ

✎ 어느 나라이든지 입국 (   )을/를 밟아야 들어갈 수 있다.

(2) ㅂ ㄱ

✎ 정부는 앞으로 진행할 정책을 국민에게 (   )하는 자리를 만들었다.

03 다음 문장 중 밑줄 친 낱말이 바르게 사용된 것을 찾아 ○표 하세요.

① 선생님께서는 자신이 원하는 <u>형식</u>으로 글을 쓰라고 하셨다. (   )

② 그는 <u>보고</u>를 달성하기 위해 망설임 없이 바다로 뛰어들었다. (   )

04 다음 밑줄 친 낱말과 뜻이 반대되는 낱말을 찾아 쓰세요.

> 온실가스는 자동차, 비행기의 연료를 사용하면서 나오는 가스를 이르는 말이다. 온실가스에 포함된 탄소는 지구 온난화를 일으켜 기후 변화를 일으키는 원인이 된다. 인류가 지금까지 마음껏 온실가스를 사용한 <u>결과</u>, 이전에는 찾아볼 수 없었던 심각한 태풍과 가뭄, 폭설, 산불 등의 자연재해가 나타나고 남극의 빙하마저 빠르게 녹아 가고 있다.

(   )

05 다음 빈칸에 들어갈 낱말로 알맞은 것은 무엇인가요? (   )

> '책 이음' 서비스는 회원증 하나로 전국에 있는 도서관의 책들을 이용할 수 있는 서비스이다. 회원 가입을 하고 도서관을 방문해서 본인임을 확인하는 [   ]만 거치면 누구나 이용할 수 있다.

① 목적   ② 보고   ③ 절차   ④ 형식   ⑤ 결과

06 다음 빈칸에 들어갈 알맞은 낱말을 **보기**에서 찾아 쓰세요.

> **보기**
>
> 형식   목적

> 대규모 오케스트라에 의해 연주되는 교향곡은 공연을 시작하기 전, 잡담을 나누며 소란스러운 관객들의 주의를 집중시키기 위한 [㉠]으로 처음 만들어졌다. 이후 교향곡은 점차 발전했고, 첫 번째 악장이 연주하는 속도가 빠른 소나타 [㉡]을 갖추게 되면서 지금의 모습이 되었다.

(1) ㉠: (   )   (2) ㉡: (   )

2단계 **활용**

07 다음 **보기**와 같이 주어진 낱말을 넣어 짧은 문장을 만들어 쓰세요.

> **보기**
>
> 결과
>
> ✎ 사람들은 대부분 결과보다 과정이 더 중요하다고 생각한다.

(1) 보고

✎ _____

(2) 절차

✎ _____

독서 습관을 기르려면 어떻게 해야 할까?

상이 탐나지만 다섯 권을 읽는 것은 자신이 없어요. 지금도 완독하지 못한 책들이 아직 책장에 많거든요.

완 독

누나는 고민하는 나를 보고 계획만 잘 세우면 열 권도 쉽게 읽을 수 있다고 알려 줬어요. 누나의 말에 귀가 솔깃해졌어요.

계 획

독 서

학교 알림판에 독서 퀴즈 대회가 열린다는 글이 붙었어요. 책을 다섯 권이나 읽어야 하지만, 우승하면 방학 숙제가 없대요.

분 량

누나는 다섯 권을 날짜별로 나누어서 하루에 읽을 분량부터 정하래요. 그런 다음 매일 실천하라고 했어요.

하루에 열 장씩 읽어야지.

활 동

오늘부터 누나 말대로 해 보기로 했어요. 책을 다 읽으면 누나가 독후 활동으로 대회 준비용 퀴즈도 내 준다고 했어요.

다음 글을 읽으며, 빈칸에 들어갈 낱말을 낱말밭에서 찾아 각각 써 보세요.

여름 방학이나 겨울 방학에는 하고 싶은 일로 독서를 꼽는 친구들이 많다. 책 읽기를 좋아해서 이번 방학에는 책을 실컷 읽기로 결심했다면 우선 (1) ㄱ ㅎ 부터 세워야 한다. 여행을 떠날 때 어디로 떠날지 장소를 먼저 정하는 것처럼 어떤 종류의 책을 읽을지 책의 주제를 정하는 일부터 시작하는 것이다. 먼저 내가 좋아하는 주제를 몇 가지 정한 다음, 읽어야 할 책의 목록을 만든다. 하루 중 언제 책을 읽는 것이 좋을지도 생각해 보고, 하루 또는 일주일에 읽을 책의 (2) ㅂ ㄹ 도 정해 둔다. 무엇보다 계획은 실천할 수 있는 내용으로 세워야 한다.

계획에 따라 책을 (3) ㅇ ㄷ 한 다음에는 다 읽은 책을 어떻게 정리하면 좋을지도 생각해 둔다. 독서 카드, 주인공 인터뷰, 일기나 편지 쓰기 등의 (4) ㅎ ㄷ 중에서 한 가지를 택하거나 몇 가지를 돌아가면서 쓸 수도 있다. 이와 같은 내용을 모두 정해서 하나로 잘 정리해 두면 훌륭한 (5) ㄷ ㅅ 계획표가 된다.

낱말밭 사전

확인 ☑

* **독서** 책을 읽음. ☐

* **완독** 글이나 책을 끝까지 모두 읽음. ☐

* **계획** 앞으로의 일을 자세히 생각하여 정함. ☐

* **분량** 수량이나 무게 등이 많거나 적은 정도. ☐

* **활동** 어떤 일의 결과를 얻기 위하여 힘씀. ☐

01 다음 낱말의 뜻으로 알맞은 것을 보기 에서 찾아 기호를 쓰세요.

> **보기**
> ㉠ 책을 읽음.
> ㉡ 앞으로의 일을 자세히 생각하여 정함.
> ㉢ 수량이나 무게 등이 많거나 적은 정도.

(1) 계획 (   )　　(2) 분량 (   )　　(3) 독서 (   )

02 다음 문장의 빈칸에 들어갈 알맞은 낱말을 찾아 선으로 이으세요.

(1) 같은 책이라도 사람마다 □□□하는 속도가 다르다.　　　　　• ㉠ 활동

(2) 책을 읽고 난 독후 □□□으로 인상 깊은 장면을 그림으로 그렸다.　　　　• ㉡ 완독

03 다음 중 밑줄 친 낱말을 바르게 사용하여 말한 친구의 이름을 쓰세요.

시아: 우리나라는 달에 무인 탐사선을 발사할 계획이래.

한율: 음식을 나르는 로봇이 분량을 넓히고 있대.

(   )

04 다음 ㉠과 ㉡에 들어갈 알맞은 낱말을 바르게 짝 지은 것은 무엇인가요?

(   )

> 전문가들은 공부를 잘하고 싶다면 잘 지킬 수 있는 공부 □㉠□ 을/를 세우는 것이 중요하다고 말한다. 특히 매일 꾸준히 공부하려면 하루에 몇 쪽을 공부할지 □㉡□ 을/를 정해 두는 것이 좋다. 정해진 공부의 양을 매일 지키고 점검하다 보면, 습관으로 자리 잡아 공부를 잘하게 된다는 것이다.

① ㉠: 활동 - ㉡: 분량　　② ㉠: 분량 - ㉡: 완독　　③ ㉠: 계획 - ㉡: 분량
④ ㉠: 분량 - ㉡: 계획　　⑤ ㉠: 계획 - ㉡: 독서

05 다음 빈칸에 들어갈 알맞은 낱말을 **보기**에서 찾아 쓰세요.

> **보기**
>
> 완독   독서

> 스마트 기기의 발달로 책의 형태가 바뀌고 사람들의 [㉠] 방식도 달라지고 있다. 전자책과 오디오북의 등장으로 책을 처음부터 끝까지 [㉡]하는 사람보다 중요한 부분만 읽거나 듣는 사람들이 늘어나고 있다.

(1) ㉠: (   )   (2) ㉡: (   )

06 다음 빈칸에 공통으로 들어갈 낱말로 알맞은 것은 무엇인가요? (   )

> 미국의 공립 학교에는 누구나 참가할 수 있는 오케스트라 [   ] 프로그램이 있다. 보통 초등학교 4학년부터 [   ]을/를 시작해 중학교, 고등학교까지 오케스트라 수업을 받는다. 학생들은 일주일에 한두 번씩 연습하고, 학기가 끝날 때 전교생과 학부모가 모인 자리에서 그동안 연습한 곡을 연주한다.

① 계획   ② 활동   ③ 분량   ④ 완독   ⑤ 독서

2단계 **활용**

07 다음 두 낱말을 모두 넣어 짧은 문장을 만들어 쓰세요.

> 분량   독서

08 다음 **보기**와 같이 주어진 낱말을 넣어 짧은 문장을 만들어 쓰세요.

> **보기**
>
> 독서
>
> ✎ 우리 동네에 어린이 독서 동아리가 생겼다.

계획

01 다음 문장에 어울리는 낱말을 찾아 ○표 하세요.

(1) 얼굴에 드러나는 (완독 , 표정)으로 그 사람의 기분을 알 수 있다.

(2) 곽재우는 임진왜란 때 경상도에서 의병 (기록 , 활동)을 한 인물이다.

(3) 자신이 세운 (시선 , 계획)과 목표를 끝까지 지키는 사람이 성공한다.

02 다음 문장의 빈칸에 들어갈 낱말을 보기에서 찾아 쓰세요.

> **보기**
>
> | 주제 | 독서 | 폐회 |
> |------|------|------|

(1) 전교 회의가 (   )한 후 반 대표끼리 따로 모였다.

(2) 나는 '어린이 출입 금지 구역'을 (   )(으)로 한 토론에 참여할 예정이다.

(3) 무작정 (   )을/를 많이 하겠다고 마음먹으면 오히려 책이 싫어질 수 있다.

03 다음 문장 중 밑줄 친 낱말이 바르게 사용된 것을 찾아 ○표 하세요.

① 오소리는 밤에 동굴에서 나와 먹이 형식을 한다. (   )

② 우리 반은 도서관 이용 규칙을 정하기 위해 학급 회의를 열었다. (   )

04 다음 빈칸에 공통으로 들어갈 낱말로 알맞은 것은 무엇인가요? (   )

> 수빈: 민지가 말하는 [   ]을/를 들어 봤니? 말하는 소리의 높이가 바뀌는 게 재미있어.
> 한율: 응. 민지가 쓰는 사투리 [   ]이/가 너무 귀여워.

① 주제   ② 몸짓   ③ 시선   ④ 형식   ⑤ 억양

05   다음 ㉠과 ㉡에 들어갈 알맞은 낱말을 바르게 짝 지은 것은 무엇인가요?

(   )

> 노벨은 운하와 터널을 뚫을 [㉠   ](으)로 '다이너마이트'를 발명했다. 하지만 다이너마이트가 사람을 죽이는 무기로도 사용되고 있다는 [㉡   ]을/를 들은 노벨은 크게 좌절했다. 이후 노벨은 인류를 위해 이바지한 사람에게 상을 주라는 유언을 남겼고, 이것이 바로 지금의 '노벨상'이 되었다.

① ㉠: 주제 - ㉡: 보고   ② ㉠: 활동 - ㉡: 형식   ③ ㉠: 목적 - ㉡: 보고

④ ㉠: 목적 - ㉡: 독서   ⑤ ㉠: 주제 - ㉡: 활동

06   다음 밑줄 친 부분과 뜻이 비슷한 낱말은 무엇인가요? (   )

> 국회가 하는 가장 중요한 일은 법을 만드는 일이다. 새로운 법을 만들자는 의견이 나오면 국회 의원들이 모여 <u>찬성과 반대를 표시하는 투표</u>를 한다.

① 절차   ② 기록   ③ 표결   ④ 완독   ⑤ 형식

07   다음 ㉠~㉢ 중 뜻이 알맞게 쓰인 낱말을 찾아 기호를 쓰세요.

> ㉠<u>몸짓</u> 언어는 손이나 몸으로 자신의 뜻을 전달하는 것이다. 우리나라에서 머리를 끄덕이는 ㉡<u>표정</u>은 대개 '맞다, 그렇다.'와 같은 뜻이다. 하지만 그리스에서 머리를 끄덕이는 ㉢<u>시선</u>은 '아니오, 틀리다.'라는 뜻이다.

(   )

08   다음 글을 읽고, 빈칸에 알맞은 낱말을 쓰세요.

> 사람처럼 동물들도 서로 의사소통한다. 이때 동물들이 가장 많이 사용하는 방법은 '소리'이다. 청개구리 수컷은 소리를 내면서 암컷에게 사랑을 표현한다. 냄새를 활용하는 동물도 있다. 적에게 쫓기는 벌은 냄새로 동료 벌들을 불러 모은다.

→ 동물의 [   ][   ][   ][   ] 방법

[09~11] 다음 글을 읽고, 물음에 답하세요.

안녕하세요? 우리 보호소에서는 버려진 반려동물을 구해 다친 상처를 치료하고 있습니다. 치료가 끝나서 건강해진 반려동물들은 새로운 가족을 만나 행복하게 지낼 수 있도록 입양도 돕습니다. 우리 보호소에 있는 반려동물의 입양을 희망하시는 분이 많아져서 입양에 필요한 절차를 자세히 안내해 드리고자 합니다.

먼저 입양하기 전, 표 형식의 질문을 통해 반려동물을 키울 준비가 되어 있는지 살핍니다. 반려동물과 함께 지내기에 적절한 환경인지, 이전에 반려동물을 키운 경험이 있는지 등 질문지에 답을 간단하게 씁니다.

그런 다음 보호소에 있는 반려동물의 영상을 보고 어떤 동물을 돌볼지, 돌본다면 어떤 준비가 필요할지 미리 [㉠] 합니다.

마지막으로 보호소에 직접 오셔서 입양에 대한 상담을 진행하는데, 상담 내용은 언제든지 다시 확인할 수 있게 ㉡글로 적어 둡니다. 상담을 마친 후에는 입양할 반려동물을 직접 만나 먹이 주기 활동을 합니다. 이렇게 두 번 이상 만남이 끝나면 입양 신청서를 쓰고 입양이 이루어집니다.

입양한 다음에는 반려동물과 평생 함께하겠다는 마음가짐으로 책임을 다해 주시기를 부탁드립니다. 감사합니다.

09 ㉠에 들어갈 알맞은 낱말에 ○표 하세요.

① 계획 (   )   ② 보고 (   )   ③ 완독 (   )

10 ㉡과 바꾸어 쓸 수 있는 낱말은 무엇인가요? (   )

① 활동   ② 결과   ③ 기록   ④ 분량   ⑤ 시선

11 다음은 이 글의 제목입니다. 빈칸에 들어갈 알맞은 낱말은 무엇인가요?

(   )

반려동물 입양 [ ][ ] 안내

① 폐회   ② 주제   ③ 표정   ④ 회의   ⑤ 절차

🌸 디지털 속 한 문장

정답 및 해설 8쪽

다음을 보고, 주제라는 낱말을 넣어 ㉠에 들어갈 답글을 글이나 문장으로 쓰세요.

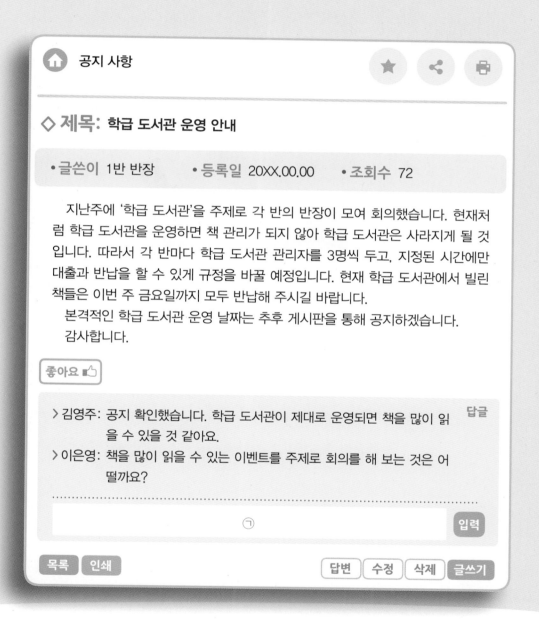

🏠 공지 사항   ⭐ ⬢ 🖨

◇ **제목:** 학급 도서관 운영 안내

• 글쓴이 1반 반장   • 등록일 20XX.00.00   • 조회수 72

　지난주에 '학급 도서관'을 주제로 각 반의 반장이 모여 회의했습니다. 현재처럼 학급 도서관을 운영하면 책 관리가 되지 않아 학급 도서관은 사라지게 될 것입니다. 따라서 각 반마다 학급 도서관 관리자를 3명씩 두고, 지정된 시간에만 대출과 반납을 할 수 있게 규정을 바꿀 예정입니다. 현재 학급 도서관에서 빌린 책들은 이번 주 금요일까지 모두 반납해 주시길 바랍니다.
　본격적인 학급 도서관 운영 날짜는 추후 게시판을 통해 공지하겠습니다.
　감사합니다.

좋아요 👍

> 김영주: 공지 확인했습니다. 학급 도서관이 제대로 운영되면 책을 많이 읽   답글
　　　　을 수 있을 것 같아요.
> 이은영: 책을 많이 읽을 수 있는 이벤트를 주제로 회의를 해 보는 것은 어
　　　　떨까요?

[　　　　　　　　　　　　㉠　　　　　　　　　　　　] 입력

목록 인쇄   답변 수정 삭제 글쓰기

✎

국어

05~08

주제별로 묶어 어휘를 의미적으로 연결하여 학습해 봐!

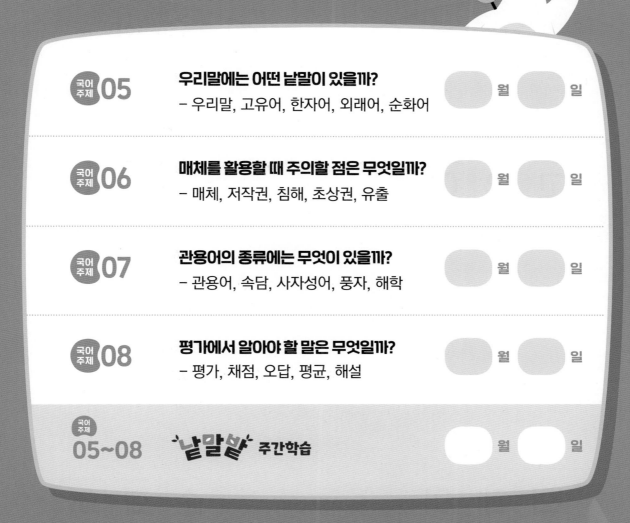

'아버지', '어머니', '하늘', '땅'은 본디부 터 있던 말로 **고유어**에 속해요. '토박이말' 이라고 부르기도 해요.

고 유 어

'학교', '사회', '감기'는 한자를 바탕으로 만들어진 **한자어**예요. 우리말의 절반 이상 이 한자어로 되어 있어요.

한 자 어

우 리 말

우리말은 우리의 생각을 담고 있는 소 중한 말로 고유어, 한자어, 외래어로 구성 되어 있어요.

외 래 어

'버스', '컴퓨터', '인터넷'은 다른 나라에 서 온 말인데 우리말로 쓰고 있어요. 이것 을 **외래어**라고 해요.

순 화 어

어려운 외래어와 한자어 등을 사람들이 이해하기 쉽게 우리말로 바꾸어 사용하기 도 해요. 이것을 **순화어**라고 하지요.

다음 글을 읽으며, 빈칸에 들어갈 낱말을 낱말밭에서 찾아 각각 써 보세요.

눈, 저녁, 독서, 등산, 빵, 컴퓨터 중에서 우리말은 몇 개일까? 정답부터 말하면, 여섯 개 낱말 모두 ⁽¹⁾〔ㅇ ㄹ ㅁ〕이다. 이 여섯 개의 낱말은 어떻게 생겨났는지에 따라 세 가지로 나눌 수 있다.

'눈'과 '저녁'은 예전부터 우리나라 사람들이 써 온 말이다. 이렇게 우리말에 본래 있었던 말을 ⁽²⁾'〔ㄱ ㅇ ㅇ〕' 또는 '토박이말', '순우리말'이라고 한다.

'독서', '등산'도 우리가 지금 사용하는 우리말이다. 하지만 고유어와는 다르게 오래전에 중국에서 들어온 한자를 바탕으로 만들어진 말이기 때문에 ⁽³⁾'〔ㅎ ㅈ ㅇ〕'라 한다.

'컴퓨터', '빵'은 중국이 아닌 다른 나라에서 들어와 우리나라 말로 쓰이는 ⁽⁴⁾'〔ㅇ ㄹ ㅇ〕'이다. '컴퓨터'는 영어에서, '빵'은 포르투갈어에서 들어온 말로, 사람들이 자주 쓰면서 우리나라 말이 되었다.

최근 들어 점점 우리말 대신 어려운 외래어를 많이 사용하고 있다. 외래어를 알기 쉽게 다듬어 ⁽⁵⁾〔ㅅ ㅎ ㅇ〕을/를 만들고 사용하여 소중한 우리말을 지켜야겠다.

낱말밭 사전

확인 ☑

* **우리말** 우리나라 사람들이 쓰는 말. ☐

* **고유어** 우리말에 본디부터 있던 말이나 그것을 바탕으로 새로 만들어진 말. ☐

* **한자어** 한자를 바탕으로 만들어진 말. ☐

* **외래어** 다른 나라에서 들어와 우리말처럼 쓰이는 말. ☐

* **순화어** 어려운 말이나 외래어를 알기 쉽고 바르게 다듬은 말. ☐

확인과 적용

01 다음 뜻을 가진 낱말을 보기 에서 찾아 쓰세요.

> **보기**
>
> 순화어   외래어   한자어

(1) 한자를 바탕으로 만들어진 말. (   )

(2) 다른 나라에서 들어와 우리말처럼 쓰이는 말. (   )

(3) 어려운 말이나 외래어를 알기 쉽고 바르게 다듬은 말. (   )

02 다음 중 '외래어'를 바르게 사용한 문장을 찾아 ◯표 하세요.

① '핸드폰'은 우리말에 본디부터 있던 외래어이다. (   )

② 다른 나라의 문화가 우리나라에 들어오면서 외래어가 늘어났다. (   )

03 다음 문장의 빈칸에 들어갈 알맞은 낱말을 찾아 선으로 이으세요.

(1) 영상 일기'는 '브이로그'의 ☐☐☐이다.   •

(2) 일상에서 ☐☐☐를 지나치게 사용하는 것
은 피해야 한다.   •

• ㉠ 외래어

• ㉡ 순화어

04 다음 빈칸에 공통으로 들어갈 낱말로 알맞은 것은 무엇인가요? (   )

> 우리나라에서 쓰는 ☐☐☐ 중에는 영어에서 빌려온 말들이 가장 많다. '버스, 택시, 텔레비전, 컴퓨터' 등을 비롯해 우리가 알고 있는 ☐☐☐은/는 대부분 영어이다. 이 밖에도 다른 나라 말에서 들어온 것도 있다. '첼로, 오페라, 템포' 같은 음악과 관련 있는 말들은 이탈리아어에서 들어왔고, '망토, 콩트, 모델'은 프랑스어에서 들어온 말이다.

① 고유어   ② 우리말   ③ 한자어   ④ 외래어   ⑤ 순화어

05 다음 밑줄 친 부분과 뜻이 비슷한 낱말을 찾아 쓰세요.

> 우리나라 고유어에는 여러 가지 '잠'을 표현한 말들이 있는데 대부분 동물을 보고 이름을 붙였다. '나비잠'은 아기가 두 팔을 위로 올리고 자는 모습이 나비를 닮았다고 해서 붙여진 말이다. '노루잠'은 걱정거리가 있거나 몸이 아파서 자주 깨는 잠을 말한다. 노루잠을 '괭이잠'이라고도 하는데 이는 <u>우리말</u>에 본래부터 있던 말이다.

(   )

06 다음 ㉠과 ㉡에 들어갈 알맞은 낱말을 바르게 짝 지은 것은 무엇인가요?

(   )

> 골인, 어시스트 등 축구 용어들이 대부분 [㉠]라는 비판이 나오면서 지나친 [㉠] 사용을 피하고 용어들을 많은 사람들이 알기 쉬운 [㉡]로 바꾸어 사용하고 있다. 그래서 골인은 득점, 어시스트는 도움으로 표현한 [㉡]를 경기 중계나 기사를 통해 접할 수 있다.

① ㉠: 한자어 - ㉡: 외래어   ② ㉠: 순화어 - ㉡: 한자어   ③ ㉠: 한자어 - ㉡: 고유어
④ ㉠: 고유어 - ㉡: 한자어   ⑤ ㉠: 외래어 - ㉡: 순화어

2단계   **활용**

07 다음 보기와 같이 주어진 낱말을 넣어 짧은 문장을 만들어 쓰세요.

> **보기**
>
> [고유어]
>
> ✎ 작달비는 굵직하고 거세게 좍좍 쏟아지는 비를 가리키는 <u>고유어</u>이다.

[한자어]

✎ --

08 다음 두 낱말을 모두 넣어 짧은 문장을 만들어 쓰세요.

> 우리말   순화어

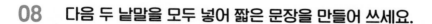

✎ --

매체를 활용할 때 주의할 점은 무엇일까?

낱말밭

아빠는 내가 찾은 자료를 보시면서 만화에 나오는 글이나 그림은 **저작권**이 있으니 조심해서 써야 한다고 하셨어요.

저 작 권

만화 작가님의 권리를 **침해**하지 않으려면 사용 허락을 받아야 해요. 나는 작가님께 이메일로 그림 사용 허락을 받았어요.

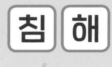

침 해

매 체

나는 만화를 소개하는 영상을 만들고 싶어요. 그래서 디지털 **매체**를 활용해서 자료를 찾아봤어요.

초 상 권

영상 마지막에는 나와 아빠의 사진을 넣었어요. 나는 아빠의 **초상권**을 지켜 주기 위해서 사진을 수정했어요.

유 출

영상에 다른 개인 정보 **유출**이 있는지 아빠와 살펴본 후 동영상 공유 누리집에 영상을 올렸어요.

다음 글을 읽으며, 빈칸에 들어갈 낱말을 낱말밭에서 찾아 각각 써 보세요.

얼마 전부터 장래 희망으로 '1인 방송 창작자'를 꼽는 초등학생들이 많아지기 시작했다. 초등학생들은 숙제나 공부를 하기 위해 영상을 찾고, 친구들과 게임이나 노래, 만화 등의 영상을 함께 즐긴다. 틈이 날 때마다 스마트폰 같은 (1)[ㅁ | ㅊ](으)로 동영상 공유 누리집에서 자료를 찾다 보니 관련 직업에 관심이 생긴 것이다.

1인 방송 창작자를 꿈꾸며 학원에 다니는 초등학생들도 있다. 학원에서는 동영상 편집뿐 아니라, 자신이 찍거나 만든 영상의 권리가 (2)[ㅊ | ㅎ] 당했을 때 대처하는 방법과 (3)[ㅈ | ㅈ | ㄱ]을/를 가진 사람에게 허락을 구하는 방법도 배운다.

매체를 활용해 본 경험이 부족한 초등학생은 실수로 자신의 개인 정보를 (4)[ㅇ | ㅊ]하거나 허락 없이 다른 사람의 얼굴이 들어간 사진을 써서 (5)[ㅊ | ㅅ | ㄱ]을/를 침해할 때도 많다. 이에 전문가들은 초등학생 자녀가 동영상 채널을 운영한다면 좋은 정보를 만들고 올릴 수 있도록 학부모가 계속해서 관심을 가져야 한다고 입을 모았다.

낱말밭 사전

확인 ☑

* **매체** 지식이나 정보를 나누고 알리는 물건이나 방법. ☐

* **저작권** 글, 그림, 노래 같은 것을 지은 사람이 지은이로서 가지는 권리. ☐

* **침해** 남의 권리나 재산 등에 불법으로 끼어들어 해를 끼침. ☐

* **초상권** 자기 얼굴이나 모습이 허락 없이 촬영되거나 사진이 쓰이지 않을 권리. ☐

* **유출** 중요한 물건이나 정보가 다른 데로 빠져나감. ☐

01 다음 뜻을 가진 낱말을 보기에서 찾아 쓰세요.

> 보기
>
> 매체   저작권

(1) 지식이나 정보를 나누고 알리는 물건이나 방법. (   )

(2) 글, 그림, 노래 같은 것을 지은 사람이 지은이로서 가지는 권리. (   )

02 다음 문장의 밑줄 친 부분과 뜻이 비슷한 낱말을 보기에서 찾아 쓰세요.

> 보기
>
> 침해   유출

(1) 전쟁을 겪으면서 외국으로 빠져나간 우리나라의 문화재가 많다. (   )

(2) 스마트폰을 감시하는 앱은 사람들의 사생활을 간섭하고 권리를 해칠 수 있다.

(   )

03 다음 문장에 어울리는 낱말을 찾아 ○표 하세요.

(1) 스마트폰의 등장으로 동영상 채널 같은 새로운 (매체 , 유출)이/가 나타났다.

(2) (초상권 , 저작권)은 글이나 그림, 음악 등이 처음 만들어질 때 자동으로 생긴다.

04 다음 ㉠과 ㉡에 들어갈 알맞은 낱말을 바르게 짝 지은 것은 무엇인가요?

(   )

> 윤슬: 이 노래가 요새 유행인데, 너도 들어 볼래? 공짜로 내려받기 했거든.
> 건우: 공짜라고? 그건 노래를 만든 사람의 [㉠]을/를 도둑질한 거야.
> 윤슬: 도둑질이라니 무슨 말을 그렇게 하니? 일부러 그런 것은 아니야.
> 건우: 네 행동은 노래를 만든 사람의 권리를 [㉡]한 거야.

① ㉠: 매체 - ㉡: 유출   ② ㉠: 저작권 - ㉡: 침해   ③ ㉠: 초상권 - ㉡: 유출

④ ㉠: 저작권 - ㉡: 매체   ⑤ ㉠: 초상권 - ㉡: 침해

05 다음 빈칸에 공통으로 들어갈 낱말로 알맞은 것은 무엇인가요? (   )

> ☐ 에 따라 내용을 표현 방법이 다르다. 책이나 신문은 종이에 찍어 내는 인쇄 ☐ (으)로, 글과 사진을 이용한다. 텔레비전과 영화는 영상 ☐ (으)로, 소리와 화면 등으로 내용을 표현한다. 그리고 이 두 가지 특징을 모두 가지고 있는 인터넷 ☐ 은/는 글과 그림, 소리를 모두 활용한다.

① 매체   ② 유출   ③ 침해   ④ 저작권   ⑤ 초상권

06 다음 밑줄 친 부분과 뜻이 반대되는 낱말을 찾아 쓰세요.

> 부모들이 사랑하는 자녀의 사진이나 동영상을 사회 관계망 서비스에 올리는 일을 '셰어런팅'이라고 한다. 우리나라에도 셰어런팅 문화가 들어오면서 부모들 사이에서 큰 인기를 끌고 있다. 그러나 이렇게 사회 관계망 서비스에 올린 사진이 자녀를 위험에 빠뜨릴 수 있다. 사진에 포함된 개인 정보나 초상권이 유출되면 자녀가 범죄에 이용당할 수 있기 때문이다.

(   )

2단계 **활용**

07 다음 두 낱말을 모두 넣어 짧은 문장을 만들어 쓰세요.

> 침해   유출

08 다음 보기와 같이 주어진 낱말을 넣어 짧은 문장을 만들어 쓰세요.

> **보기**
> 저작권
> 인쇄술이 발달하면서 저작권이 처음 만들어졌다.

> 매체

낱말밭

혹 떼러 갔다 혹 붙여 왔구나

마당극에 나오는 배우들은 대사 속에 주인공의 상황을 보여주는 속담을 활용하며 연기했어요.

속 담

"권선징악(勸善懲惡)"

착한 일은 권하고 악한 일은 벌 받는다는 뜻이야.

가끔 대사 속에 어려운 사자성어가 나올 때도 있었어요. 그럴 때는 무슨 뜻인지 엄마께 여쭤보면서 공연을 봤어요.

사 자 성 어

관 용 어

엄마와 함께 마당극을 보러 갔어요. 구름 같이 모여들었다는 관용어처럼 사람들이 정말 많았지요.

풍 자

혹을 떼려다 혹을 하나 더 얻게 된 혹부리 영감은 욕심만 부리다가 엄마께 혼나는 오빠를 풍자한 것 같아 웃음이 났어요.

해 학

마당극을 처음 봤지만 노래나 대사에 웃음을 주는 해학이 담겨 있어서 시간 가는 줄 모르고 재미있게 봤어요.

다음 글을 읽으며, 빈칸에 들어갈 낱말을 낱말밭에서 찾아 각각 써 보세요.

　　조선 후기에는 서민들 사이에서 판소리가 크게 유행했다. 판소리는 서민들의 이야기를 담고 있다. 그래서 두 개 이상의 낱말로 이루어져서 원래 뜻과는 다른 의미를 나타내는 ⁽¹⁾[ㄱ][ㅇ][ㅇ] (이)나 예로부터 전하여 오는 지혜가 담긴 ⁽²⁾[ㅅ][ㄷ] 등 서민들이 생활 속에서 사용하던 말들이 녹아 있다.

　　판소리에는 웃음의 요소도 많았다. 「흥부가」에서는 돈밖에 모르고 다른 사람을 괴롭히던 인물인 놀부를 우스꽝스럽게 표현하여 ⁽³⁾[ㅍ][ㅈ]한다. 또 흥부가 다른 사람 대신 매를 맞고 돈을 벌어오는 장면에서 흥부의 말과 행동을 과장되게 표현하여 슬픈데 웃음이 터지게 하는 판소리의 ⁽⁴⁾[ㅎ][ㅎ]을/를 보여 준다.

　　서민들에게 사랑받던 판소리는 양반층까지 사로잡았다. 양반들은 잔치에 소리꾼을 불러 판소리를 들었고, 판소리를 글로 적어 대본을 만들었다. 양반들이 판소리를 글로 적으면서 한자로 이루어진 ⁽⁵⁾[ㅅ][ㅈ][ㅅ][ㅇ]까지 판소리 대본에 들어가게 되었다.

낱말밭 사전

확인 ☑

* **관용어** 　둘 이상의 낱말로 이루어져 원래 뜻과는 다른 새로운 뜻으로 쓰이는 표현. ☐

* **속담** 　옛날부터 전해 내려오는 지혜가 담긴 짧은 말. ☐

* **사자성어** 　한자 네 자로 이루어져 교훈이나 유래를 담은 말. ☐

* **풍자** 　부정적인 상황이나 인물을 우스꽝스럽게 표현하여 간접적으로 비판하는 것. ☐

* **해학** 　대상을 우스꽝스럽게 표현하여 독자가 호감이나 불쌍함을 느끼게 하는 것. ☐

01 다음 낱말의 뜻으로 알맞은 것을 보기에서 찾아 기호를 쓰세요.

> **보기**
> ㉠ 옛날부터 전해 내려오는 지혜가 담긴 짧은 말.
> ㉡ 한자 네 자로 이루어져 교훈이나 유래를 담은 말.
> ㉢ 대상을 우스꽝스럽게 표현하여 독자가 호감이나 불쌍함을 느끼게 하는 것.

(1) 속담 (　　　　)　　　(2) 해학 (　　　　)　　　(3) 사자성어 (　　　　)

02 다음 문장의 빈칸에 들어갈 낱말을 보기에서 찾아 쓰세요.

> **보기**
> 　　　　　　풍자　　　　　관용어

(1) 스마트폰을 놓지 못하는 현대인을 (　　　　)한 그림이 나왔다.

(2) '손이 맵다.'는 '손으로 슬쩍 때려도 아프다.'라는 뜻의 (　　　　)이다.

03 다음 중 '사자성어'를 바르게 사용한 문장을 찾아 ○표 하세요.

① '백지장도 맞들면 낫다'는 협동을 강조하는 사자성어이다. (　　　　)

② 대학 교수들은 네 글자의 한자로 된 올해의 사자성어를 발표했다. (　　　　)

04 다음 빈칸에 공통으로 들어갈 낱말로 알맞은 것은 무엇인가요? (　　　　)

> 　□□□은/는 둘 이상의 낱말이 결합하여 원래의 뜻과는 전혀 다른 뜻으로 굳어져서 쓰이는 표현이다. 그래서 낱말의 뜻만으로 전체 의미를 알기 어렵기 때문에 상황을 바탕으로 그 뜻을 추론해야 한다. 발과 관련된 □□□에는 '발이 넓다.'가 있는데 이는 '여러 사람과 쉽게 사귀어 아는 사람이 많다.'라는 뜻을 가지고 있다.

① 풍자　　　② 억양　　　③ 한자어　　　④ 관용어　　　⑤ 사자성어

05 다음 빈칸에 들어갈 알맞은 낱말을 보기에서 찾아 쓰세요.

> **보기**
>
> 풍자   속담

> 우리말에는 우리가 살아가는 사회의 모습을 표현하는 [㉠]들이 있다. '빛 좋은 개살구'는 겉은 그럴듯하게 좋지만, 실속이 없는 사람이나 물건을 비판할 때 사용한다. '남의 손의 떡은 커 보인다'는 내가 가진 것보다 남의 것이 더 좋아 보인다는 말이다. 이는 자기 것에 감사할 줄 모르는 사람을 [㉡]하여 표현한 것이다.

(1) ㉠: (   ) (2) ㉡: (   )

06 다음 빈칸에 들어갈 낱말로 알맞은 것은 무엇인가요? (   )

> 김홍도의 「씨름」은 가운데에서 씨름을 하는 두 씨름꾼과 씨름꾼을 둘러싸고 구경하는 사람들을 그린 그림이다. 다들 씨름에 집중하는 상황에서 엿을 파는 엿장수와 엿판에 눈길을 보내는 어린아이를 우스꽝스럽게 그리고 있다. 이 모습에서 김홍도의 그림에 담긴 [   ]을/를 엿볼 수 있다.

① 해학   ② 속담   ③ 고유어   ④ 관용어   ⑤ 사자성어

2단계 **활용**

07 다음 보기와 같이 주어진 낱말을 넣어 짧은 문장을 만들어 쓰세요.

> **보기**
>
> 사자성어
>
> ✎ 사자성어 '청출어람'은 제자가 스승보다 뛰어날 때 쓴다.

(1) 관용어

✎ _____

(2) 해학

✎ _____

평가에서 알아야 할 말은 무엇일까?

선생님께서 오늘은 짝꿍과 시험지를 바꾸어서 채점하겠다고 말씀하셨어요. 그 말을 듣고 더 집중해서 문제를 풀었어요.

채 점

나는 오답이 많이 나올까 봐 마음이 조마조마했어요. 틀린 문제가 많이 나오면 짝꿍 혜미한테 창피하잖아요.

오 답

평 가

오늘은 수학 단원 평가를 보는 날이에요. 공부를 열심히 했지만 등굣길 내내 긴장되었어요.

평 균

10문제 중에서 나는 8개를, 짝꿍 혜미는 6개를 맞혔어요. 선생님께서 우리 반 평균은 5개라고 하셔서 어깨가 으쓱해졌지요.

해 설

선생님께서는 한 문제씩 해설해 주셨어요. 선생님의 설명이 귀에 쏙쏙 들어와서 틀린 문제도 잘 알게 되었어요.

다음 글을 읽으며, 빈칸에 들어갈 낱말을 낱말밭에서 찾아 각각 써 보세요.

안녕하세요? 저는 ○○ 초등학교에 다니는 4학년 학생입니다. 제가 다니는 초등학교의 시험에 대해 소개하겠습니다. 우리 학교는 보통 학년이 바뀌면 이전에 배운 내용을 잘 알고 있는지 간단하게 시험을 봅니다. 그리고 학기 동안에는 배우는 과목의 단원이 하나씩 끝날 때마다 단원 ⁽¹⁾[ㅍ | ㄱ]을/를 치릅니다. 이때 선생님께서는 어려운 시험 문제를 자세히 ⁽²⁾[ㅎ | ㅅ]해 주십니다. 그리고 ⁽³⁾[ㅇ | ㄷ]을/를 써서 틀린 문제는 꼭 다시 복습하라고 말씀해 주십니다.

이런 시험 형식 외에도 다양한 평가가 있는데, 글짓기와 악기 연주하기, 체험 보고서 쓰기 같은 활동을 평가하는 수행 평가가 대표적입니다. 수행 평가는 선생님께서 점수를 매기지만, 가끔은 학생 스스로 ⁽⁴⁾[ㅊ | ㅈ]하기도 합니다.

학교마다 차이가 있지만 우리 학교는 일주일에 ⁽⁵⁾[ㅍ | ㄱ] 한 번쯤 시험을 봅니다. 시험을 자주 본다고 할 수도 있지만 우리 스스로 배운 내용을 점검하는 기회로 삼을 수도 있습니다.

낱말밭 사전

확인 ☑

* **평가** 가치나 수준을 자세히 따져서 정하는 것. ☐

* **채점** 점수를 매기는 것. ☐

* **오답** 틀린 답. ☐

* **평균** 여러 수량을 합해서 그 개수로 나눈 값. ☐

* **해설** 문제나 내용을 알기 쉽게 풀어 설명함. ☐

01 다음 뜻을 가진 낱말을 보기 에서 찾아 쓰세요.

> **보기**
>
> 평균   해설

(1) 문제나 내용을 알기 쉽게 풀어 설명함. (   )

(2) 여러 수량을 합해서 그 개수로 나눈 값. (   )

02 다음 문장의 빈칸에 들어갈 낱말을 보기 에 있는 글자 카드로 만들어 보세요.

> **보기**
>
> 점   오   채   답

(1) (   )을/를 공부하면 자신이 모르는 부분을 정확하게 알 수 있다.

(2) 최근에는 시험을 보고 컴퓨터로 (   )하는 방식이 많아지고 있다.

03 다음 문장에 어울리는 낱말을 찾아 ○표 하세요.

(1) 한글은 과학적이고 우수한 글자라는 (평가 , 오답)을/를 받고 있다.

(2) 엄마와 나는 경복궁을 다시 짓게 된 과정에 대한 (채점 , 해설)을 들었다.

04 다음 빈칸에 공통으로 들어갈 낱말로 알맞은 것은 무엇인가요? (   )

> 우리나라 남학생과 여학생 모두 ☐☐☐ 키가 더 커진 것으로 나타났다. 국가 기술 표준원은 10년 전과 비교해 남학생과 여학생의 ☐☐☐ 키는 각각 4.3cm, 2.8cm 더 커졌다고 발표하였다. 특히 남학생은 14세, 여학생은 13세일 때 키와 발 길이가 가장 많이 성장하는 것으로 나타났다. 가장 많이 성장하는 나이는 10년 전과 비교해 2살 정도 어려졌다고 한다.

① 평가   ② 채점   ③ 오답   ④ 평균   ⑤ 해설

05 다음 ㉠과 ㉡에 들어갈 알맞은 낱말을 바르게 짝 지은 것은 무엇인가요?

(   )

> 네덜란드에서 초등학교 저학년은 책가방이 없다. 6학년이 되어서야 '시토 (CITO)'라고 하는 중고등학교 입학시험을 보면서 본격적인 ┌─ ㉠ ─┐ 이/가 이루어진다. 이 시험의 점수를 매긴 ┌─ ㉡ ─┐ 결과와 학생의 적성에 따라 중고등학교 진학이 이루어진다.

① ㉠: 평균 - ㉡: 평가   ② ㉠: 평균 - ㉡: 해설   ③ ㉠: 채점 - ㉡: 해설

④ ㉠: 평가 - ㉡: 채점   ⑤ ㉠: 채점 - ㉡: 평균

06 다음 밑줄 친 부분과 뜻이 반대되는 낱말을 찾아 쓰세요.

> 시험이 끝나고 나면 오답 노트를 만들다가 포기하는 친구들이 많다. 내가 맞힌 답보다 오답이 더 많으면 정리를 하다가 지치기 때문이다. 오답 노트를 만들 때는 처음부터 정리하지 말고 내가 왜 틀렸는지부터 생각해 보고 모르는 부분을 찾아보는 것이 중요하다. 그리고 내가 틀린 문제와 비슷한 문제의 오답끼리 묶어서 정리하면 더 간결한 오답 노트를 만들 수 있다.

(   )

2단계   **활용**

07 다음 보기와 같이 주어진 낱말을 넣어 짧은 문장을 만들어 쓰세요.

> **보기**
>
> 해설
>
> ✎ 삼촌은 축구나 야구 같은 스포츠 경기를 해설하는 사람이다.

(1) 채점

✎ _____

(2) 평가

✎ _____

01 다음 문장의 빈칸에 들어갈 낱말을 보기에서 찾아 쓰세요.

보기

유출　　　풍자　　　초상권

(1) 신문에는 유명인을 우스꽝스럽게 표현하는 (　　　　　) 만화가 많이 실린다.

(2) 사회 관계망 서비스에 사진을 올릴 때 (　　　　) 침해가 없도록 해야 한다.

(3) 온라인 쇼핑몰 누리집이 해킹되어 고객들의 개인 정보가 (　　　　)되었다.

02 다음 문장에 어울리는 낱말을 찾아 ○표 하세요.

(1) 내가 찍은 사진이나 영상의 (저작권 , 초상권)은 나에게 있다.

(2) (외래어 , 관용어)는 원래의 낱말 뜻과는 다른 뜻으로 의미를 이해해야 한다.

03 다음 중 밑줄 친 낱말을 바르게 사용하여 말한 친구의 이름을 쓰세요.

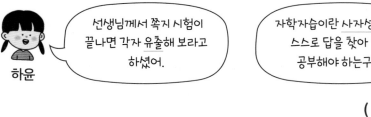

하윤: 선생님께서 쪽지 시험이 끝나면 각자 유출해 보라고 하셨어.

수호: 자학자습이란 사자성어처럼 스스로 답을 찾아 가며 공부해야 하는구나.

(　　　　　　)

04 다음 빈칸에 들어갈 알맞은 낱말을 보기에서 찾아 쓰세요.

보기

평균　　　채점

　최근 서술형 답안을 [㉠] 해 주는 인공 지능이 개발되어 화제가 되고 있다. 연구팀은 총 12만 건의 자료를 사용해 2년간 연구를 진행한 결과, 인간과 비교해 [㉡] 96%의 정확도가 있다고 밝혔다.

(1) ㉠: (　　　　　) (2) ㉡: (　　　　　)

정답 및 해설 **13**쪽

05 다음 ㉠과 ㉡에 들어갈 알맞은 낱말을 바르게 짝 지은 것은 무엇인가요?

(   )

> 민화 「작호도」는 힘센 호랑이를 혼내는 약한 까치를 익살스럽게 그려 민
> 화의 ㉠ 을/를 느끼게 한다. 여기서 호랑이는 권력층을, 까치는 서민
> 들을 뜻하여 당시 권력층에 대항하는 서민들의 의식을 잘 드러내고 있다고
> ㉡ 받는다.

① ㉠: 채점 - ㉡: 해학   ② ㉠: 침해 - ㉡: 평가   ③ ㉠: 유출 - ㉡: 평균

④ ㉠: 해학 - ㉡: 평가   ⑤ ㉠: 해설 - ㉡: 풍자

06 다음 빈칸에 공통으로 들어갈 낱말은 무엇인가요? (   )

> 재우: 경복궁에 국가유산   을/를 들려주며 안내해 주는 제도가 있대.
> 혜원: 우리도 국가유산을   해 주는 제도를 신청해 보자.

① 채점   ② 해학   ③ 해설   ④ 침해   ⑤ 저작권

07 다음 밑줄 친 부분과 뜻이 비슷한 낱말은 무엇인가요? (   )

> 커버 송과 커버 댄스는 이미 발표된 노래나 춤을 다시 부르거나 춤을 추는
> 것을 말한다. 이때 가수나 작곡가의 허락 없이 노래나 춤을 사용하면 저작권
> 에 해를 끼칠 수 있기 때문에 저작권자의 허락을 받아야 한다.

① 풍자   ② 침해   ③ 유출   ④ 해설   ⑤ 채점

08 다음 ㉠~㉢ 중 낱말의 쓰임이 알맞지 <u>않은</u> 것을 찾아 기호를 쓰세요.

> ㉠우리말에는 마치 다른 나라에서 들어온 ㉡외래어처럼 느껴지지만 그렇
> 지 않은 낱말들이 있다. 음식점에서 "사리 하나 주세요."라고 할 때, '사리'는
> '국수 등을 동그랗게 포갠 뭉치.'를 뜻하는 말로 우리나라 사람들이 오래전부
> 터 사용해 온 ㉢순화어이다.

(   )

[09~11] 다음 글을 읽고, 물음에 답하세요.

> ### 우리말 없는 대한민국, 이대로 괜찮을까?
>
> 한 찻집의 'M. S. G. R.'이라는 차림표가 화제가 되었다. 인터넷 매체에서는 'M. S. G. R.'이 어떤 음료일지 물었는데, 대다수 사람들은 □ ㉠ □ 을/를 적고 음료 이름을 맞히지 못했다. 정답은 미숫가루였다. 누리꾼들은 주문도 영어로 해야 하는 것 아니냐며 지나치게 영어를 사용하는 모습을 비꼬았다.
>
> 우리나라의 외국어 사용은 꽤 심각한 편이다. 음식점에서는 '무인 주문기'라는 말 대신 '키오스크'라고 쓴다. 아예 외국어로만 간판이나 차림표를 적어 두는 곳도 많다. 인터넷 상점에서 옷과 신발을 살 때는 '흰색 운동화' 대신 '화이트 스니커즈'를, '파란색 바둑판 무늬 치마' 대신 '블루 컬러 체크 스커트'를 산다. 이렇게 우리말이 있는데도 외국어를 무분별하게 사용하면 외국어를 잘 모르는 사람은 뜻을 전하고 이해할 때 어려움을 겪을 수밖에 없다.
>
> '굴러 온 돌이 박힌 돌 뺀다'라는 □ ㉡ □ 이/가 있다. 다른 나라에서 들어온 외국어가 우리말을 내쫓고 그 자리를 대신한다면, 우리의 생각을 온전히 담아내고 표현할 우리말이 점점 사라질 것이다. 지금부터라도 외국어를 ㉢깨끗하고 바르게 다듬은 말로 바꾸어 쓰도록 노력해야 한다.

09 ㉠과 ㉡에 들어갈 알맞은 낱말을 **보기**에서 찾아 쓰세요.

> **보기**
>
> 매체   오답   속담   저작권

(1) ㉠: (   )   (2) ㉡: (   )

10 ㉢과 바꾸어 쓸 수 있는 낱말은 무엇인가요? (   )

① 고유어   ② 한자어   ③ 관용어   ④ 순화어   ⑤ 사자성어

11 다음은 이 글의 주제입니다. 빈칸에 들어갈 알맞은 낱말은 무엇인가요?

(   )

> 어렵고 낯선 외국어 대신 쉬운 □□□ 을/를 사용하자.

① 한자어   ② 관용어   ③ 저작권   ④ 우리말   ⑤ 초상권

디지털 속 한 문장

정답 및 해설 **13쪽**

다음을 보고, 초상권이라는 낱말을 넣어 답글을 글이나 문장으로 쓰세요.

#초상권

오늘은 방학 하는 날. 학교 끝나고 집에 가는 길에 친구들과 찍은 사진. 내가 너희들 초상권을 지켜 줄게!

사회

01~04

주제별로 묶어 어휘를 의미적으로 연결하여 학습해 봐!

사회 주제 01 국토를 나타내는 말에는 무엇이 있을까?

장화 모양의 이탈리아를 보니 가족들과 여행 갔던 강원도 영월이 생각났어요. 영월에는 **한반도**를 닮은 땅이 있거든요.

한 반 도

아빠는 이탈리아에 대해 재미있는 이야기를 해 주셨어요. 로마에는 가장 작은 **영토**를 가진 나라 바티칸 시국이 있대요.

영 토

국 토

아빠가 다음 주에 이탈리아로 출장을 가신대요. 지구본에서 찾아본 이탈리아의 **국토**는 장화를 닮았어요.

영 해

아빠는 이탈리아의 **영해**에 인공 섬을 만들고 '로즈 아일랜드 공화국'이라는 나라를 세운 사람도 있었다고 알려줬어요.

영 공

'로즈 아일랜드 공화국'이 나라로 인정받으면, **영공**의 소유권을 주장할 수 있어서 이탈리아는 그 섬을 폭파했다고 해요.

다음 글을 읽으며, 빈칸에 들어갈 낱말을 낱말밭에서 찾아 각각 써 보세요.

땅과 바다, 하늘을 포함하여 한 나라의 통치권이 미치는 범위를 (1) | ㄱ | ㅌ | (이)라 한다. 이는 땅만 가리키는 것이 아니라 바다와 하늘을 모두 포함한 개념으로 국토는 세 가지 영역으로 구성된다.

첫 번째는 주권이 미치는 땅인 (2) | ㅇ | ㅌ | 이다. 우리나라는 아시아 대륙 동쪽 끝에 있으며, 세 면이 바다로 둘러싸인 반도로 (3) | ㅎ | ㅂ | ㄷ | (이)라 불린다. 한반도와 여기에 속해 있는 여러 섬이 우리나라 영토에 해당한다.

두 번째는 주권이 미치는 바다인 (4) | ㅇ | ㅎ | 이다. 보통 해안선으로부터 약 22킬로미터까지를 말하며, 우리나라에서 특히 섬이 많은 서해와 남해는 가장 바깥쪽 섬을 직선으로 그은 선을 기준으로 한다.

세 번째는 주권이 미치는 하늘인 (5) | ㅇ | ㄱ | 이다. 영토와 영해 위에 있는 하늘이며 보통 비행기가 다니는 높이까지를 영공으로 인정한다. 하지만 항공 우주 기술이 발달하면서 앞으로 영공의 한계를 어디까지 볼 것인지에 대해서는 논란이 있다.

낱말밭 사전

확인 ☑

* **국토** 땅과 바다, 하늘을 포함하여 나라의 통치권이 미치는 범위. ☐

* **한반도** 우리나라 국토를 이루는, 세 면이 바다로 둘러싸인 땅. ☐

* **영토** 한 나라의 주권이 미치는 땅. ☐

* **영해** 한 나라의 주권이 미치는 바다. ☐

* **영공** 한 나라의 주권이 미치는 하늘. ☐

01 다음 낱말의 뜻으로 알맞은 것을 보기 에서 찾아 기호를 쓰세요.

> **보기**
> ㉠ 한 나라의 주권이 미치는 땅.
> ㉡ 한 나라의 주권이 미치는 바다.
> ㉢ 한 나라의 주권이 미치는 하늘.

(1) 영해 (   )   (2) 영토 (   )   (3) 영공 (   )

02 다음 문장 중 밑줄 친 낱말이 바르게 사용된 것을 찾아 ○표 하세요.

① 우리 영공은 삼면이 바다로 둘러싸여 있다. (   )

② 다른 나라의 영해에서 물고기를 잡으면 안 된다. (   )

03 다음 문장의 빈칸에 들어갈 낱말을 찾아 선으로 이으세요.

(1) 왕은 이웃 나라 땅을 정복하며 [   ]을/를   •
확장해 나갔다.

                                 • ㉠ 영해

(2) 배를 타고 다른 나라의 [   ]을/를 지나가려   •
면 허락을 받아야 한다.

                                 • ㉡ 영토

04 다음 밑줄 친 부분과 뜻이 비슷한 낱말을 찾아 쓰세요.

> 1944년 미국, 소련, 프랑스 등 8개국이 시카고에 모여 나라의 주권이 미치는 하늘에 대한 국제적인 조약을 정하였다. 영토와 영해 위에 있는 하늘을 영공으로 정하되, 보통 비행기가 다닐 수 있는 높이까지를 영공으로 보며, 비행기 등을 통해 다른 나라의 영공을 통과할 때는 허락을 꼭 받아야 한다.

(   )

05 다음 빈칸에 들어갈 알맞은 낱말을 **보기**에서 찾아 쓰세요.

> **보기**
>
> 영해   영토

> 과거에는 세계의 여러 나라들이 국민이 살고 있는 땅인 ⟨ ㉠ ⟩만 지키면 된다고 생각했다. 그러다가 먼 바다를 항해하는 일이 많아지면서 바다를 지키는 일이 중요해졌다. 맨 처음 정한 ⟨ ㉡ ⟩는 땅에서 대포를 쏘아 바다에 떠 있는 배를 맞힐 수 있는 거리만큼이었다. 이후 국가 간의 협의를 거쳐 거리가 점점 늘어나서 지금의 기준이 되었다.

(1) ㉠: (   )   (2) ㉡: (   )

06 다음 빈칸에 공통으로 들어갈 낱말로 알맞은 것은 무엇인가요? (   )

> 우리나라 사람은 세 면이 바다로 둘러싸인 ⟨   ⟩을/를 호랑이 모양으로 비유한다. 예전에 일본은 우리나라를 지배하기 위해 ⟨   ⟩을/를 토끼의 모습에 비유했다. 하지만 우리 조상들은 이러한 비유를 거부하며 ⟨   ⟩을/를 호랑이가 아시아를 향해 앞발을 든 모습, 아시아를 넘어 태평양을 향해 돌진하는 모습에 비유했다.

① 바다   ② 지도   ③ 영해   ④ 하늘   ⑤ 한반도

2단계   **활용**

07 다음 **보기**와 같이 주어진 낱말을 넣어 짧은 문장을 만들어 쓰세요.

> **보기**
>
> 국토
>
> ✎ 우리 국토는 남북으로 길게 뻗은 모양이다.

(1) 한반도

✎ _____

(2) 영해

✎ _____

교통의 발달로 생긴 변화는 무엇일까?

낱말밭

이전까지 할머니 집에 가려면 버스만 타야했어요. 이제는 고속 철도라는 새로운 **수단**이 생겼지요.

수 단

새로운 교통수단 덕분에 할머니 집까지 **이동**하는 데 한 시간이면 충분해요. 좌석도 편안해서 전혀 힘들지 않아요.

이 동

교 통

할머니 집은 우리 집과 멀지는 않아요. 하지만 **교통**이 불편해서 할머니 집에 가려면 세 시간이 넘게 걸려요.

생 활 권

이제 할머니 집과 한 시간 **생활권**이 되었어요. 할머니 집에서 점심을 먹고, 저녁은 우리 집에서 먹을 수 있을 정도예요.

발 달

고속 철도로 인해 사람들이 많이 찾아오면서 할머니가 사는 지역이 점점 **발달**하고 있어요.

다음 글을 읽으며, 빈칸에 들어갈 낱말을 낱말밭에서 찾아 각각 써 보세요.

지금은 누구나 편리하게 타는 고속 철도는 언제 처음 생겨났을까?

1879년 독일 베를린 박람회에서 최초의 전기 기관차가 선을 보였다. 이 전기 기관차를 만드는 기술이 점차 (1) ㅂ ㄷ 하여 오늘날의 고속 철도가 탄생한 것이다.

우리나라는 1899년 노량진과 제물포 사이를 (2) ㅇ ㄷ 하는 최초의 철도인 경인선을 만들었다. 이후 서울과 부산을 잇는 경부선, 서울과 신의주를 잇는 경의선이 잇달아 생기면서 기차는 대표적인 운송 (3) ㅅ ㄷ 으로 자리 잡았다.

1972년 전기 기관차가 들어오면서 1980년대부터 고속 철도 사업이 시작됐다. 이후 피땀 어린 노력을 쏟은 끝에 2004년 우리나라의 고속 철도인 KTX 운행이 시작되었다. 일본, 프랑스, 독일, 스페인에 이어 세계에서 5번째의 고속 철도였다. KTX는 우리나라를 두 시간 (4) ㅅ ㅎ ㄱ 으로 만들었고, KTX가 가져온 (5) ㄱ ㅌ 혁명은 사람들의 생활을 크게 바꾸었다.

낱말밭 사전

확인 ✓

* **교통** 자동차, 배, 비행기 등으로 사람이 오가거나 짐을 실어 나르는 일. ☐

* **수단** 어떤 일을 하는 방법이나 도구. ☐

* **이동** 움직여서 다른 데로 옮김. ☐

* **생활권** 사람들이 생활하면서 움직이는 범위. ☐

* **발달** 문명, 학문, 기술, 산업 등이 더 높은 수준에 이름. ☐

확인과 적용

01 다음 낱말의 뜻으로 알맞은 것을 보기 에서 찾아 기호를 쓰세요.

> **보기**
> ㉠ 어떤 일을 하는 방법이나 도구.
> ㉡ 사람들이 생활하면서 움직이는 범위.
> ㉢ 문명, 학문, 기술, 산업 등이 더 높은 수준에 이름.

(1) 발달 (   )   (2) 수단 (   )   (3) 생활권 (   )

02 다음 문장의 빈칸에 들어갈 알맞은 낱말을 보기 에서 찾아 쓰세요.

> **보기**
> 이동   교통

(1) 계절이 바뀔 때마다 철새는 먼 거리를 (   )한다.

(2) 우리 동네에는 버스와 지하철이 모두 다니기 때문에 (   )이 편리하다.

03 다음 중 밑줄 친 낱말을 바르게 사용하여 말한 친구의 이름을 쓰세요.

수지: 교통이 발달하면 먼 지역에 있는 사람들도 쉽게 만날 수 있어.

유준: 맞아. 비행기 덕분에 사람이나 물건의 생활권이 편리해졌어.

(   )

04 다음 밑줄 친 낱말과 뜻이 비슷한 낱말을 찾아 쓰세요.

> 오늘날 많은 나라에서 새로운 이동 수단을 개발하고 있다. 그중 '하이퍼루프'는 미래의 교통수단을 대표하는 초고속 열차이다. 이 열차는 공기가 거의 없는 진공 터널 속에서 로켓 같은 도구로 승객이 탄 열차를 쏘아 보내 한 시간에 약 1,300킬로미터를 이동하게 한다. 이는 서울에서 부산까지 약 15분이면 도착할 수 있는 속도이다.

(   )

05 다음 빈칸에 들어갈 낱말로 알맞은 것은 무엇인가요? (   )

> 운하는 사람이 인공적으로 만든 물길을 말한다. 중국의 수양제 때 만들어진 대운하는 5개의 큰 강 사이를 남북으로 이은 운하이다. 베이징에서 항저우까지 대운하가 만들어지면서 해적들이 들끓던 바닷길 대신 운하를 통해 생활에 필요한 많은 물건들이 안전하게 오갔다. 대운하가 생겨나면서 중국의 무역과 상업이 더욱 [   ] 할 수 있었다.

① 이동   ② 발달   ③ 교통   ④ 수단   ⑤ 생활권

06 다음 ㉠과 ㉡에 들어갈 알맞은 낱말을 바르게 짝 지은 것은 무엇인가요?

(   )

> 서준: 고속 철도를 타니 주말에도 [㉠] 체증이 전혀 없어.
> 정국: 시간도 빠르고 몸도 편해졌어. 이제 진정한 하루 [㉡]이 이루어지는 것 같아.

① ㉠: 교통 - ㉡: 이동   ② ㉠: 수단 - ㉡: 교통   ③ ㉠: 발달 - ㉡: 수단
④ ㉠: 발달 - ㉡: 생활권   ⑤ ㉠: 교통 - ㉡: 생활권

2단계   **활용**

07 다음 **보기**와 같이 주어진 낱말을 넣어 짧은 문장을 만들어 쓰세요.

> **보기**
>
> [교통]
>
> ✎ 연등 행사가 열려 사거리의 <u>교통</u>이 한 시간 동안 마비되었다.

(1) [수단]

✎ _____

(2) [생활권]

✎ _____

우리나라 최초의 국가는 단군왕검이 **기원전** 2333년에 세운 고조선이에요.

기 원 전

광개토 대왕은 우리나라 역사 최초로 '영락'이라는 **연호**를 사용했어요.

연 호

역 사

우리나라 **역사**를 재미있게 공부할 수 있는 방법으로 '우리나라의 최초'에 대해 찾아봤어요.

세 기

고려는 세계에서 최초로 금속 활자를 만들었어요. 12**세기**에 만들어서 서양보다 200여 년이나 앞섰다고 해요.

연 대 표

한국사와 세계사가 함께 있는 **연대표**를 보니, 고종이 즉위한 1863년에 영국에서는 지하철이 다니고 있었대요.

다음 글을 읽으며, 빈칸에 들어갈 낱말을 낱말밭에서 찾아 각각 써 보세요.

우리 선조들이 살던 사회의 변화를 기록한 ⁽¹⁾ [ㅇ ㅅ] 을/를 공부할 때 시간을 표현하는 다양한 말을 알면 더욱 이해하기 쉽다. 우선 아주 오래전 일을 말할 때 ⁽²⁾ [ㄱ ㅇ ㅈ] (이)라는 말을 쓴다. 연대를 계산할 때 기준이 되는 해는 '기원'이라 한다. 그 기준이 되는 해가 바로 예수가 태어난 해라서 기원전은 예수가 태어나기 전을 말한다.

다른 시간 표시로 새로운 왕이 왕위에 오른 해를 기준으로 삼아 해를 세는 ⁽³⁾ [ㅇ ㅎ] 이/가 있다. 고종이 1897년에 수립한 대한 제국의 연호는 광무였다. 그래서 1897년을 광무 1년, 1898년을 광무 2년처럼 나타낸다. 이 외에 우리가 역사를 공부할 때 가장 많이 접하는 표현으로 ⁽⁴⁾ [ㅅ ㄱ] 이/가 있다. 이것은 백 년을 단위로 하는 기간으로 1세기는 1~100년, 2세기는 101~200년을 가리킨다. 역사적으로 발생한 사건을 연대순으로 기록한 표인 ⁽⁵⁾ [ㅇ ㄷ ㅍ] 은/는 크게 시대를 기준으로 구분하고 사이사이에 세부 연도와 사건을 기록한다.

낱말밭 사전

확인 ☑

* **역사** 인간 사회의 변화 과정. 또는 그 기록. ☐

* **기원전** 예수가 태어난 해를 기준으로 하는 '기원'에서, 그 기원이 시작되기 이전을 이르는 말. ☐

* **연호** 한 임금이 통치를 시작한 해에 붙이는 이름. ☐

* **세기** 백 년을 단위로 하는 기간. ☐

* **연대표** 역사에서 중요한 사건을 연대에 따라 차례로 늘어놓은 표. ☐

01 다음 낱말의 뜻으로 알맞은 것을 보기에서 찾아 기호를 쓰세요.

> **보기**
> ㉠ 백 년을 단위로 하는 기간.
> ㉡ 인간 사회의 변화 과정. 또는 그 기록.
> ㉢ 한 임금이 통치를 시작한 해에 붙이는 이름.

(1) 연호 (　　　　) 　　(2) 역사 (　　　　) 　　(3) 세기 (　　　　)

02 다음 문장의 빈칸에 들어갈 알맞은 낱말을 보기에서 찾아 쓰세요.

> **보기**
> 　　　　　기원전　　　　　연대표

(1) 고구려, 백제, 신라 모두 오래전인 (　　　　　)에 건국되었다.

(2) 우리나라의 화폐를 (　　　　　)처럼 시대순으로 보여 주는 책이 나왔다.

03 다음 문장 중 밑줄 친 낱말이 바르게 사용된 것을 찾아 ○표 하세요.

① 우리나라는 오천 년이 넘는 <u>세기</u>를 가지고 있다. (　　　　　)

② 고구려는 <u>기원전</u> 37년에 동명왕 주몽이 세운 나라이다. (　　　　　)

04 다음 밑줄 친 부분과 바꾸어 쓸 수 있는 낱말은 무엇인가요? (　　　　　)

> 　우리가 강이나 산, 건물이 어디에 있는지 알고 싶을 때는 지도를 찾아본다. 이와 마찬가지로 우리 조상들이 세운 나라나 겪은 사건들을 알고 싶을 때는 연대표를 이용하면 편리하다. 왜냐하면 우리나라의 역사에서 나라가 언제, 어떤 이름으로 바뀌었는지 등 <u>역사에서 중요한 사건을 연대에 따라 정리한 표</u>라 중요한 사건들을 한눈에 파악할 수 있기 때문이다.

① 세기　　　② 역사　　　③ 연호　　　④ 연대표　　　⑤ 기원전

05 다음 빈칸에 들어갈 알맞은 낱말을 보기에서 찾아 쓰세요.

보기

연호   역사

대조영은 698년 옛 고구려 땅인 동모산에서 발해를 세웠다. 하지만 중국은 발해를 당나라의 일부라 하면서 중국 ⓐ ㉠ 로 넣으려고 한다. 하지만 대조영은 고구려 사람이며 발해의 유물 대부분은 고구려를 이어받은 것이다. 그리고 당나라의 ㉡ 가 아닌 독자적인 ㉡ 를 사용한 것으로 보아 발해는 우리 ㉠ 의 당당한 일부임을 알 수 있다.

(1) ㉠: (   ) (2) ㉡: (   )

06 다음 빈칸에 들어갈 낱말로 알맞은 것은 무엇인가요? (   )

☐ 490년에 일어난 마라톤 전투는 오늘날 올림픽 마라톤의 기원으로 유명하다. 당시 페르시아군이 아테네를 공격하자 아테네군은 마라톤 평야에서 목숨을 걸고 싸워서 이겼다. 이 소식을 알리기 위해 한 병사가 약 40킬로미터를 달려 아테네군의 승리를 알리고 죽었다. 이 병사를 추모하기 위해 시작된 마라톤 경기는 현재까지 이어지고 있다.

① 연호   ② 역사   ③ 세기   ④ 연대표   ⑤ 기원전

2단계   **활용**

07 다음 보기와 같이 주어진 낱말을 넣어 짧은 문장을 만들어 쓰세요.

보기

역사

✎ 우주 탐험의 역사는 길지 않다.

(1) 연대표

✎ _____

(2) 연호

✎ _____

다문화 시대에 생각할 점은 무엇일까?

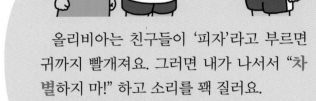

반 아이들은 올리비아를 '피자'라고 불러요. 이탈리아에서는 피자만 먹을 거라는 **편견**이 있나 봐요.

편 견

올리비아는 친구들이 '피자'라고 부르면 귀까지 빨개져요. 그러면 내가 나서서 "**차별**하지 마!" 하고 소리를 꽥 질러요.

차 별

다 문 화

우리 반에는 **다문화** 가정 친구가 있어요. 한국인 아빠와 이탈리아인 엄마를 둔 올리비아예요.

소 외

올리비아의 별명을 들은 선생님이 깜짝 놀라서, '친구를 **소외**시키지 않는 법'에 대해 학급 회의를 열었어요.

존 중

학급 회의를 하며 친구들은 올리비아 마음을 생각해 봤어요. 회의에서는 서로의 문화를 **존중**하자는 의견이 정해졌지요.

다음 글을 읽으며, 빈칸에 들어갈 낱말을 낱말밭에서 찾아 각각 써 보세요.

우리나라에서 외국인을 만나는 것은 흔한 일이 되었다. 우리나라의 학교에서 공부하기 위해 찾아오는 외국인 학생이 늘어나고, 한국 사람과 결혼하여 우리나라에 정착하는 사람들도 많아지면서 (1)[ㄷ | ㅁ | ㅎ] 가정도 점점 늘어나고 있다.

아직 우리 사회에는 피부색이 다른 아시아 사람을 '경제적으로 우리보다 못한 나라에서 우리나라로 돈을 벌기 위해 온 사람'이라는 (2)[ㅍ | ㄱ] 을/를 가지고 보는 사람이 많다. 그리고 유럽이나 미국에서 온 백인은 좋게 보면서 다른 외국인은 (3)[ㅊ | ㅂ] 한다. 다문화 가정의 아이들은 우리말이 서툴러 학교에서 수업을 따라가지 못하고 친구들과도 어울리지 못하며 (4)[ㅅ | ㅇ] 을/를 당하기도 한다.

우리나라는 이제 다문화 사회에 들어서 있다. 우리가 진정한 다문화 사회를 이루기 위해서는 서로의 문화와 다르다는 것을 인정하고 (5)[ㅈ | ㅈ] 할 줄 알아야 한다.

낱말밭 사전

확인 ✓

* **다문화** 한 사회 안에 나라, 민족의 문화가 섞여 다양하게 나타남. ☐

* **편견** 공정하지 못하고 한쪽으로 치우친 생각. ☐

* **차별** 어떤 기준을 두어 대상을 구별하고 다르게 대우함. ☐

* **소외** 어떤 무리에서 싫어하며 따돌리거나 멀리함. ☐

* **존중** 높이 받들고 소중하게 여김. ☐

 1단계 확인과 적용

01 다음 뜻을 가진 낱말을 <보기>에서 찾아 쓰세요.

> **보기**
>
> 편견   차별   소외

(1) 공정하지 못하고 한쪽으로 치우친 생각. (   )

(2) 어떤 무리에서 싫어하며 따돌리거나 멀리함. (   )

(3) 어떤 기준을 두어 대상을 구별하고 다르게 대우함. (   )

02 다음 문장의 빈칸에 들어갈 낱말을 <보기>에 있는 글자 카드로 만들어 보세요.

> **보기**
>
> 견   차   별   편

(1) 피부색에 따라 사람을 (   )해서는 안 된다.

(2) 키가 크면 농구를 잘할 것이라는 생각은 (   )이다.

03 다음 문장에 어울리는 낱말을 찾아 ○표 하세요.

(1) 헬렌 켈러는 (존중 , 소외)된 사람을 위해 사회 운동을 펼쳤다.

(2) 학교는 (차별 , 다문화) 가정 학생을 위해 다양한 교육을 하고 있다.

04 다음 빈칸에 공통으로 들어갈 낱말로 알맞은 것은 무엇인가요? (   )

> 기술의 빠른 발달로 디지털 [   ] 계층이 생겨나고 있다. 디지털 [   ] 계층이란, 음식을 주문하는 무인 주문기나 온라인 예매 등을 이용하지 못하는 계층을 뜻하는 말이다. 국가인권위원회에서는 이것이 특정 계층의 인권과 연결된 문제라고 말하고 있다. 디지털 기기에 익숙하지 않은 계층은 기술의 발달로 인해 도리어 불편을 느끼고 있기 때문이다.

① 이동   ② 소외   ③ 존중   ④ 연호   ⑤ 다문화

05 다음 ㉠과 ㉡에 들어갈 알맞은 낱말을 바르게 짝 지은 것은 무엇인가요?

(   )

> 호주에서는 해마다 3월 21일이 되면 '하모니 데이'를 연다. '하모니 데이'는
>   ㉠   사회인 호주의 다양성을 축하하기 위한 날이다. 영국 이민자들이 많
> 았던 호주는 이후 아시아와 아프리카, 유럽의 이민자들도 들어오면서 인종
>   ㉡   문제가 심각해졌다. 이에 호주 정부는 다양한 문화를 서로 이해하고
> 존중하며 한데 어울릴 수 있도록 '하모니 데이'를 만들었다.

① ㉠: 편견 - ㉡: 소외   ② ㉠: 차별 - ㉡: 존중   ③ ㉠: 소외 - ㉡: 차별

④ ㉠: 다문화 - ㉡: 존중   ⑤ ㉠: 다문화 - ㉡: 차별

06 다음 밑줄 친 부분과 뜻이 비슷한 낱말을 찾아 쓰세요.

> 우리는 장애인을 대할 때 '불쌍하다, 도와야 한다.' 등의 편견을 많이 가진다.
> 그래서 휠체어를 타는 장애인을 만나면 휠체어를 밀어 주려고 한다. 하지만
> 덮어놓고 이런 행동을 해서는 안 되며, 도움이 필요해 보인다면 먼저 무엇을
> 어떻게 도와주면 좋을지 상대에게 물어봐야 한다. 우리가 함께 더불어 사는
> 사회가 되려면 장애인에 대한 <u>한쪽으로 치우친 생각</u>은 반드시 사라져야 한다.

(   )

 2 단계   **활용**

07 다음 두 낱말을 모두 넣어 짧은 문장을 만들어 쓰세요.

> 차별   존중

✎ --

08 다음 **보기**와 같이 주어진 낱말을 넣어 짧은 문장을 만들어 쓰세요.

> **보기**
>
> 다문화
>
> ✎ 국제결혼이 늘어나면서 많은 <u>다문화</u> 가정이 생겨났다.

편견

✎ --

01 다음 문장에 어울리는 낱말을 찾아 ○표 하세요.

(1) 낙타는 사막에서 중요한 이동 (편견 , 수단)이다.

(2) 신라는 (세기 , 기원전) 57년 경주 평야에서 세워졌다.

(3) 교통이 (차별 , 발달)하면서 생활권이 넓어지기 시작했다.

02 다음 문장의 빈칸에 들어갈 낱말을 보기 에서 찾아 쓰세요.

> 보기
>
> 차별   영공   다문화

(1) 옛날에는 남아 선호 사상 때문에 아들과 딸을 (   )했다.

(2) 공군은 다른 나라가 우리 (   )을/를 침범하지 못하게 감시한다.

(3) (   ) 사회에서는 다른 문화를 받아들이는 열린 자세가 필요하다.

03 다음 중 밑줄 친 낱말을 바르게 사용하여 말한 친구의 이름을 쓰세요.

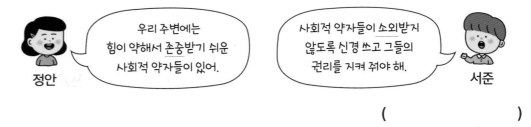

정안: 우리 주변에는 힘이 약해서 존중받기 쉬운 사회적 약자들이 있어.

서준: 사회적 약자들이 소외받지 않도록 신경 쓰고 그들의 권리를 지켜 줘야 해.

(   )

04 다음 빈칸에 들어갈 알맞은 낱말을 보기 에서 찾아 쓰세요.

> 보기
>
> 역사   세기

> 서양에서 동해를 '한국해'로 불렀다는 것을 알 수 있는 [㉠] 자료가 있다. 17[㉡]에 영국에서 제작한 지도, 18[㉡] 네덜란드 사람이 제작한 지도에는 동해가 '한국해'로 표시되어 있다.

(1) ㉠: (   )   (2) ㉡: (   )

05　다음 ㉠과 ㉡에 들어갈 알맞은 낱말을 바르게 짝 지은 것은 무엇인가요?

(　　　　)

> 우리 민족이 살고 있는 〔 ㉠ 〕은/는 위로는 아시아 대륙과 접해 있고 아래로는 삼면이 바다에 둘러싸여 있다. 그래서 사람이나 물자가 어디로든 〔 ㉡ 〕하기 좋아 교역에 유리한 위치라고 할 수 있다.

① ㉠: 발달 - ㉡: 영해　　② ㉠: 차별 - ㉡: 영공　　③ ㉠: 소외 - ㉡: 국토

④ ㉠: 한반도 - ㉡: 이동　　⑤ ㉠: 한반도 - ㉡ 존중

06　다음 빈칸에 공통으로 들어갈 낱말로 알맞은 것은 무엇인가요? (　　　　)

> 민재: '유리 천장'은 보이지 않지만 존재하는 여성에 대한 사회적 〔　　　〕이나 차별을 말해. 능력이 있어도 보이지 않는 벽에 가로막힌다는 뜻이야.
> 채은: 우리나라는 유리 천장 지수가 최하위권이라는 것이 참 안타까워. 유리 천장이 하루빨리 사라지면 좋겠어.

① 교통　　　② 편견　　　③ 수단　　　④ 영공　　　⑤ 존중

07　다음 ㉠~㉣ 중 뜻이 알맞게 쓰인 낱말을 찾아 기호를 쓰세요.

> ㉠세기 140년 중국의 한무제는 '건원'이라는 ㉡연대표를 최초로 사용했는데, 여기에는 한무제가 추구하는 가치가 담겨 있다. 우리나라에서는 고조선이 ㉢한반도에 ㉣존중을 둔 이후 훗날 세워진 고구려가 독자적인 연호를 썼다.

(　　　　)

08　다음 밑줄 친 부분과 뜻이 비슷한 낱말을 찾아 쓰세요.

> 옛날에는 전쟁으로 영토를 넓혔지만, 오늘날에는 자연환경을 개발해 영토를 넓힌다. 네덜란드는 나라의 땅 25% 정도가 바다보다 낮았는데, 여기에 둑을 쌓고 바닷물을 막아 영토를 넓혔다.

(　　　　)

[09~11] 다음 글을 읽고, 물음에 답하세요.

일본은 독도를 자기네 땅이라고 억지 주장을 펼친다. 우리나라 국토인 독도를 일본은 왜 이렇게 탐내는 것일까?

첫째, 독도 앞 ⬚ ㉠ ⬚ 은/는 찬 바닷물과 따뜻한 바닷물이 만나는 황금어장이다. 그래서 동해에서는 다양한 물고기를 골고루 잡을 수 있다.

▲ 독도

둘째, 독도에는 '불타는 얼음'이라고 불리는 메탄하이드레이트가 묻혀 있다고 한다. 과학 기술이 ⬚ ㉡ ⬚ 하면서 예전에는 그 가치가 잘 알려지지 않았던 메탄하이드레이트가 중요한 미래 에너지 자원으로 떠오른 것이다.

셋째, 독도는 군사적으로 중요한 곳이다. 왜냐하면 독도에서는 중국, 북한, 러시아, 일본의 군사적 ㉢움직임을 한눈에 볼 수 있기 때문이다.

이런 까닭으로 일본은 독도를 자기네 땅로 만들어 영해를 늘리고 자원을 차지하려는 것이다. 우리는 소중한 독도의 역사에 대해 공부하고 우리 국민과 세계 시민들에게 독도가 대한민국의 땅이라는 사실을 알려야 한다. 이것이 우리가 일본의 검은 속셈에서 독도를 지키는 첫걸음이 될 것이다.

09 ㉠과 ㉡에 들어갈 알맞은 낱말을 바르게 짝 지은 것은 무엇인가요? ( )

① ㉠: 영해 - ㉡: 발달   ② ㉠: 영공 - ㉡: 소외   ③ ㉠: 영해 - ㉡: 편견

④ ㉠: 영해 - ㉡: 존중   ⑤ ㉠: 국토 - ㉡: 교통

10 ㉢과 바꾸어 쓸 수 있는 낱말은 무엇인가요? ( )

① 소외   ② 연표   ③ 영공   ④ 차별   ⑤ 이동

11 다음은 이 글의 제목입니다. 빈칸에 들어갈 알맞은 낱말은 무엇인가요?

( )

일본이 우리 ⬚⬚ 인 독도를 탐내는 이유

① 수단   ② 연표   ③ 교통   ④ 국토   ⑤ 영공

💐 디지털 속 한 문장

다음을 보고, 교통이라는 낱말을 넣어 ㉠에 들어갈 말을 글이나 문장으로 쓰세요.

👤2   🔍 🌙 📹 ☰

지우: 해원아, 우리 이따가 시청 앞에서 만나는 거 맞지?

해원: 맞아! 우리 동네에는 놀이공원까지 바로 가는 버스가 없어서 시청까지 가야 해.

지우: 우리 동네에서 놀이공원까지 가는 교통이 생각보다 불편하네. 그러면 집에 올 때도 시청으로 오는 거지?

해원: ㉠

😊 📅 🕐 📎 ⛶   —○ 전송

🖉

사회

05~08

주제별로 묶어 어휘를 의미적으로 연결하여 학습해 봐!

반장 **선거**라는 말에 아이들이 웅성거렸어요. 선생님께서는 후보에게 우리 반을 위한 공약을 만들어 보라고 하셨어요.

선 거

반장을 뽑는 날이 되었어요. 반 아이들은 물론, 반장 후보로 나온 나와 선주, 민혁이도 **투표**를 마쳤지요.

투 표

민 주 주 의

선생님께서 다음 주 학급 회의에서 반장을 뽑자고 하셨어요. 그러면서 이번 기회에 **민주주의**를 배워 보자고 하셨지요.

개 표

투표가 끝나고 세웅이와 정인이가 **개표**했어요. 투표함이 열리고 내 이름이 나올 때마다 가슴이 두근거렸어요.

당 선

선주가 반장으로 **당선**됐어요. 나는 아쉬웠지만 선주를 도와 최고의 반을 만들겠다고 결심했어요.

다음 글을 읽으며, 빈칸에 들어갈 낱말을 낱말밭에서 찾아 각각 써 보세요.

고대 그리스의 아테네는 시민들이 모여 나랏일을 의논하고 결정하는 (1)⬚⬚⬚⬚(ㅁㅈㅈㅇ) 제도를 탄생시켰다. 단, 여성이나 노예, 외국인은 나랏일에 참여할 수 없었다. 이후 왕과 귀족이 백성을 다스리는 나라들이 많아졌다. 왕이나 귀족이 힘없는 백성들을 괴롭히면, 백성들은 힘을 모아 왕과 귀족을 쫓아내며 근대 민주주의 정치를 시작했다. 이것이 우리가 오늘날 경험하는 민주주의의 뿌리이다.

우리나라는 1945년 8월 15일 광복과 함께 근대 민주주의를 받아들였다. 그로부터 3년 뒤, 1948년 5월 10일에는 국회 의원을 뽑는 우리 역사상 최초의 (2)⬚⬚(ㅅㄱ)을/를 치렀다. 당시 만 21세 이상이면 누구나 (3)⬚⬚(ㅌㅍ)할 수 있었으며, 국민의 관심도 높아 투표율이 무려 95.5%나 되었다. 이 선거가 끝나고 (4)⬚⬚(ㄱㅍ)한 결과, 제주도를 제외하고 198명의 국회 의원이 (5)⬚⬚(ㄷㅅ)되었다. 이렇게 만들어진 국회는 헌법을 만들고 대통령으로 이승만, 부통령으로 이시영을 뽑았다.

낱말밭 사전

확인 ☑

* **민주주의** 국민이 권력을 가지고 국민의 뜻에 따라 나라를 다스리는 정치 제도.

* **선거** 투표로 여러 사람 중에서 일을 맡아 할 사람을 뽑는 일.

* **투표** 선거를 하거나 어떤 일을 정할 때 자기 생각을 쪽지에 표시하여 내는 일.

* **개표** 투표하고 나서 결과를 살피고 판단함.

* **당선** 선거에서 뽑힘.

01 다음 낱말의 뜻으로 알맞은 것을 보기 에서 찾아 기호를 쓰세요.

> 보기
> ㉠ 선거에서 뽑힘.
> ㉡ 투표하고 나서 결과를 살피고 판단함.
> ㉢ 투표로 여러 사람 중에서 일을 맡아 할 사람을 뽑는 일.

(1) 선거 (   )   (2) 당선 (   )   (3) 개표 (   )

02 다음 문장 중 밑줄 친 낱말을 바르게 사용한 것을 찾아 ○표 하세요.

① 당선은 국민이 정치에 참여하는 가장 기본적인 방법이다. (   )

② 민주주의 국가에서 국민은 누구나 정치에 참여할 수 있다. (   )

03 다음 문장의 빈칸에 들어갈 낱말을 보기 에서 찾아 쓰세요.

> 보기
> 선거   당선   투표

(1) 지방 (   ) 때 부모님을 따라 투표소에 가 본 적이 있다.

(2) 선거일이 되면 만 18세 이상의 국민들은 (   )을/를 한다.

(3) 이번 선거에서는 많은 수의 여성이 국회 의원에 (   )되었다.

04 다음 밑줄 친 부분과 바꾸어 쓸 수 있는 낱말은 무엇인가요? (   )

> 채은: 혹시 동영상 공유 누리집에서 국회 의원 당선 인사 영상 봤어?
> 한율: 응, 정말 재미있더라. 스쿠터를 타고 다니면서 선거에서 뽑힌 것에 대해 감사하다고 인사하던걸?
> 채은: 요즘에는 사회 관계망 서비스에서 당선 인사를 하기도 한대.

① 당선   ② 선거   ③ 개표   ④ 투표   ⑤ 민주주의

05 다음 빈칸에 들어갈 알맞은 낱말을 **보기**에서 찾아 쓰세요.

> **보기**
>
> 선거   민주주의

> 지방 자치 제도는 지역 주민이 ⃞ㄱ⃞ 를 통해 우리가 사는 지역에서 일할 사람을 직접 뽑는 것으로 이에 대한 사람들의 관심도 높다. 지방 자치 제도는 풀의 잔뿌리처럼 주민 한 사람 한 사람에게 모두 영향을 미치는 정치이기 때문에 '풀뿌리 ⃞ㄴ⃞ '라고도 부른다.

(1) ㉠: (   )   (2) ㉡: (   )

06 다음 빈칸에 공통으로 들어갈 낱말로 알맞은 것은 무엇인가요? (   )

> 선거의 마무리 단계는 ⃞⃞ 이다. 예전에는 일일이 손으로 표를 셌는데 시간도 오래 걸리고 ⃞⃞ 하는 사람들의 피로가 커서 정확성에 문제가 생겼다. 선거관리 위원회에서는 2002년부터 투표지 분류기를 활용하여 이 문제를 해결하고 있다. 투표지 분류기로 ⃞⃞ 하는 데 들이는 시간과 사람의 수를 줄이는 데 큰 효과를 거두었다.

① 투표   ② 개표   ③ 선거   ④ 당선   ⑤ 민주주의

2 단계   활용

07 다음 **보기**와 같이 주어진 낱말을 넣어 짧은 문장을 만들어 쓰세요.

> **보기**
>
> 민주주의
>
> ✎ 학생 자치회, 지방 의회, 주민 자치회 등은 <u>민주주의</u>의 사례이다.

(1) 투표

✎ _____

(2) 당선

✎ _____

국가 기관에는 무엇이 있을까?

국민이 질서 있게 살기 위해서는 반드시 지켜야 할 기준인 법이 필요해요. **입법부** 는 법을 만드는 역할을 해요.

입 법 부

억울한 일이 생기면 법원은 법을 토대로 재판을 해서 잘잘못을 가려줘요. 이것이 **사법부**의 역할이에요.

사 법 부

국 가 기 관

우리나라에는 많은 사람들이 살기 때문에 처리할 나랏일이 많아요. 이때 나랏일을 처리하는 기관을 **국가 기관**이라 해요.

행 정 부

행정부는 국회에서 만든 법에 따라 나라를 다스리는 역할을 해요. 나라 살림을 이끌고 국민을 보호하는 살림꾼이에요.

삼 권 분 립

삼권 분립은 국가 권력이 어느 한 곳에 집중되지 않도록 국가 기관의 권력을 나눈 것이에요.

다음 글을 읽으며, 빈칸에 들어갈 낱말을 낱말밭에서 찾아 각각 써 보세요.

만약 어떤 사람에게 한 나라의 힘이 모두 주어진다면 무슨 일이 일어날까? 자기 마음대로 나랏일을 처리해도 아무도 막지 못할 것이다. 그래서 우리나라는 이런 일이 발생하는 것을 막기 위해 입법부, 행정부, 사법부의 세 (1) [ㄱ][ㄱ] [ㄱ][ㄱ] 이/가 나라의 일을 나누어 맡고 있다.

세 기관 중 '국회'라고 불리는 (2) [ㅇ][ㅂ][ㅂ] 에서는 법을 만들고 고치는 일을 한다. 그리고 정부가 나라 살림에 쓸 예산을 잘 짰는지, 세금을 잘 쓰고 있는지도 살핀다. (3) [ㅎ][ㅈ][ㅂ] , 즉 '정부'는 법에 따라서 나라 살림을 맡아 하는 곳이다. 이곳의 최고 우두머리가 바로 대통령이다. (4) [ㅅ][ㅂ][ㅂ] 은/는 '법원'이라고도 하며, 법에 따라 재판을 하는 곳이다. 사람들 간의 다툼이 있을 때 재판을 통해 문제를 해결해 준다.

세 기관은 어느 한쪽의 힘이 세지지 않게 서로 감시와 견제를 통해 힘의 균형을 지키고 민주주의를 실천하고 있다. 이것을 '(5) [ㅅ][ㄱ] [ㅂ][ㄹ] '(이)라고 한다.

낱말밭 사전

확인 ☑

* **국가 기관** 나라를 다스리기 위해 만든 입법, 사법, 행정 기관을 통틀어 이르는 말.   ☐

* **입법부** 법을 만드는 일을 하는 국가 기관.   ☐

* **사법부** 재판을 맡아보는 국가 기관.   ☐

* **행정부** 나라를 다스리는 일을 맡아보는 국가 기관.   ☐

* **삼권 분립** 국가의 권력을 입법부, 사법부, 행정부로 분리하는 것.   ☐

1단계 확인과 적용

01 다음 낱말의 뜻으로 알맞은 것을 보기 에서 찾아 기호를 쓰세요.

> **보기**
> ㉠ 재판을 맡아보는 국가 기관.
> ㉡ 법을 만드는 일을 하는 국가 기관.
> ㉢ 국가의 권력을 입법부, 사법부, 행정부로 분리하는 것.

(1) 입법부 (　　　　)　　(2) 사법부 (　　　　)　　(3) 삼권 분립 (　　　　)

02 다음 문장에 어울리는 낱말을 찾아 ○표 하세요.

(1) 우리나라 (입법부 , 행정부)를 이끄는 사람은 대통령이다.

(2) (입법부 , 사법부)는 국민의 뜻에 따라 법을 만드는 기관이다.

(3) (국가 기관 , 삼권 분립)은 국민이 답변을 요청하면 성실하게 응해야 한다.

03 다음 문장의 빈칸에 들어갈 낱말을 보기 에서 찾아 쓰세요.

> **보기**
> 사법부　　　　삼권 분립

(1) 공정한 재판을 위해서는 (　　　　　　)의 독립이 필요하다.

(2) (　　　　　　)은/는 국가 기관 간의 힘의 균형을 이루기 위한 제도이다.

04 다음 밑줄 친 부분과 뜻이 비슷한 낱말을 찾아 쓰세요.

> 규호: 이번 주에 엄마랑 법을 만드는 일을 하는 국가 기관을 견학하기로 했어.
> 지민: 우아, 재미있겠다. 그런데 왜 입법부로 견학을 가는 거야?
> 규호: 나는 어떤 과정을 통해 법이 만들어지는지 알고 싶어.

(　　　　　　)

05 다음 ㉠과 ㉡에 들어갈 알맞은 낱말을 바르게 짝 지은 것은 무엇인가요?

(   )

> | ㉠ |와/과 행정부에는 각각 | ㉡ |을/를 지키기 위한 제도가 있다.
> 행정부의 우두머리인 대통령은 | ㉠ |인 국회가 만든 법안이 옳지 않다고
> 생각하면 이를 거부할 수 있다. 또, 국회는 국정 감사를 통해서 행정부에서 이
> 뤄지는 나랏일의 진행 과정을 묻고 잘못한 일은 바로잡도록 요청할 수 있다.

① ㉠: 행정부 - ㉡: 입법부   ② ㉠: 사법부 - ㉡: 행정부

③ ㉠: 입법부 - ㉡: 행정부   ④ ㉠: 행정부 - ㉡: 사법부

⑤ ㉠: 입법부 - ㉡: 삼권 분립

06 다음 빈칸에 들어갈 낱말로 알맞은 것은 무엇인가요? (   )

>   인 법원은 법에 따라 재판을 하는 곳이다. 법원에는 누구나 공정한
> 재판을 받을 수 있는 '3심 제도'가 있다. 한 번의 잘못된 판결 때문에 억울한
> 사람이 생기지 않도록 한 사건에 재판을 세 번까지 받을 수 있게 한다. 1심은
> 지방 법원, 2심은 고등 법원, 최종 확정 판결은 대법원에서 담당한다.

① 입법부   ② 행정부   ③ 사법부   ④ 국가 기관   ⑤ 삼권 분립

2단계   **활용**

07 다음 **보기**와 같이 주어진 낱말을 넣어 짧은 문장을 만들어 쓰세요.

> **보기**
>
> 국가 기관
>
> ✎ 국가 기관이 하는 일은 국민들의 생활에 중대한 영향을 미친다.

(1) 사법부

✎ _____

(2) 삼권 분립

✎ _____

합리적인 선택을 하는 방법은 무엇일까?

수아는 한정 판매하는 새 게임기를 사고 싶었어요. 하지만 **희소성**이 있는 게임기는 이미 다 팔렸어요.

희 소 성

수아는 게임기를 사지 못해 너무 아쉬웠 어요. 그래서 **자원** 낭비를 막기 위해 재활 용 소재로 만든 태블릿을 살펴봤어요.

자 원

선 택

수아는 백화점에 갔어요. 사고 싶은 물건 은 많지만 수아는 어떤 것을 **선택**할지 아 직 결정하지 못했어요.

기 회 비 용

태블릿을 보니 원피스와 피자 생각이 났 어요. 태블릿보다 원피스와 피자를 사는 **기회비용**이 더 작은 것 같아요.

구 매

수아는 고민 끝에 원피스와 피자를 **구매** 했어요. 수아는 현명한 소비를 한 것 같아 뿌듯한 마음이 들었어요.

다음 글을 읽으며, 빈칸에 들어갈 낱말을 낱말밭에서 찾아 각각 써 보세요.

우리는 매 순간 결정을 하며 살아간다. 시간이 남을 때 무엇을 할지, 용돈을 어디에 쓸지 고민하여 결정한다.

우리가 이렇게 ⁽¹⁾[ㅅ | ㅌ]의 문제를 겪는 것은 쓸 수 있는 돈이나 ⁽²⁾[ㅈ | ㅇ]이/가 정해져 있기 때문이다. 한 번 사용한 용돈은 다시 돌려받을 수 없고, 물건을 만드는 데 필요한 자원은 끝없이 생겨나지 않는다. 하지만 물건을 사거나 갖고 싶은 사람의 마음은 끝이 없어서 사고 싶은 것이 계속해서 늘어난다. 이렇게 사람들이 사고 싶은 마음에 비해 자원의 양이 정해져 있어 부족한 상태를 '⁽³⁾[ㅎ | ㅅ | ㅅ]'(이)라고 한다. 선택의 문제는 이런 희소성 때문에 생겨난다.

자원의 양이 정해져 있기 때문에 우리는 현명하게 선택해야 한다. 경제생활에서 어느 한 가지를 선택했을 때, 포기하게 된 것의 가치를 '⁽⁴⁾[ㄱ | ㅎ | ㅂ | ㅇ]'(이)라 한다. 그래서 합리적으로 선택하기 위해서는 기회비용이 가장 작은 물건을 ⁽⁵⁾[ㄱ | ㅁ]하면 된다.

낱말밭 사전

확인 ✓

* **선택** 여럿 가운데에서 이것저것 고름. ☐

* **희소성** 많은 사람이 원하는 데 비해, 그것이 드물거나 모자란 상태. ☐

* **자원** 사람이 살아가고 생산하는 데 필요한 것을 통틀어 이르는 말. ☐

* **기회비용** 경제생활에서 어떤 한 가지를 골랐을 때, 포기하게 된 것의 가치. ☐

* **구매** 물건을 삼. ☐

01 다음 뜻을 가진 낱말을 알맞은 보기에서 찾아 쓰세요.

> **보기**
>
> 자원   희소성   기회비용

(1) 많은 사람이 원하는 데 비해, 그것이 드물거나 모자란 상태. (   )

(2) 사람이 살아가고 생산하는 데 필요한 것을 통틀어 이르는 말. (   )

(3) 경제생활에서 어떤 한 가지를 골랐을 때, 포기하게 된 것의 가치. (   )

02 다음 문장의 빈칸에 들어갈 낱말을 보기에 있는 글자 카드로 만들어 보세요.

> **보기**
>
> | 매 | 희 | 구 | 성 | 소 |

(1) 사람들의 욕심이 커질수록 자원의 (   ) 문제도 심각해진다.

(2) 중고 상품을 (   )하기 전에는 상품을 꼼꼼하게 살펴봐야 한다.

03 다음 문장에 어울리는 낱말을 찾아 ○표 하세요.

(1) 오늘 점심 메뉴로 국수 대신 카레를 (기회비용 , 선택)했다.

(2) 사람의 기술이나 노동력은 인적 (자원 , 구매)(이)라고 한다.

04 다음 ㉠과 ㉡에 들어갈 알맞은 낱말을 바르게 짝 지은 것은 무엇인가요?

(   )

> 민호: 교통 카드에 충전할 돈으로 피시방에서 게임을 하고 걸어왔더니 땀이
> 엄청 나네. [㉠]을/를 크게 치렀어. 너무 후회된다.
> 승재: 그러게. 교통 카드를 충전하는 합리적인 [㉡]을/를 하지 그랬어.

① ㉠: 선택 - ㉡: 자원   ② ㉠: 구매 - ㉡: 희소성

③ ㉠: 선택 - ㉡: 희소성   ④ ㉠: 기회비용 - ㉡: 선택

⑤ ㉠: 기회비용 - ㉡: 희소성

05 다음 빈칸에 들어갈 알맞은 낱말을 보기에서 찾아 쓰세요.

> 보기
>
> 자원   희소성

> 물질의 ㉠ 에 대한 판단은 시대에 따라 변한다. 옛날에도 석유 ㉡ 은 있었지만 과학 기술이 발달하지 않아 많이 사용되지 않았다. 그러나 현대에는 과학 기술이 발달해 자동차의 연료와 화학 제품을 만드는 데 석유가 많이 쓰이면서 석유는 옛날에 비해 ㉠ 이 높아졌다.

(1) ㉠: (   )   (2) ㉡: (   )

06 다음 밑줄 친 부분과 뜻이 비슷한 낱말을 찾아 쓰세요.

> 중세 유럽에서는 아라비아 상인이 판매하던 후추를 찾는 귀족들이 늘어났다. 후추가 음식 맛을 좋게 하는 효과가 있었기 때문이었다. 귀족들은 앞다투어 후추를 사들였고 보석처럼 한 알씩 구매하기도 했다. 후추의 인기가 점점 치솟자, 귀족들은 직접 후추를 구하기 위해 바닷길을 개척했다.

(   )

2단계 **활용**

07 다음 보기와 같이 주어진 낱말을 넣어 짧은 문장을 만들어 쓰세요.

> 보기
>
> 선택
>
> ✎ 합리적인 선택이란 가장 큰 만족을 주는 쪽을 고르는 것이다.

(1) 기회비용

✎ --

(2) 자원

✎ --

빵집에는 내가 좋아하는 소금빵이 다 팔리고 없었어요. 빵집 아저씨는 소금빵을 조금만 **생산**했다고 하셨어요.

생 산

엄마는 **시장**에서 산 재료로 소금빵을 만들어 주시겠대요. 사회 관계망 서비스에는 소금빵 만드는 방법이 잘 나와 있어요.

시 장

경 제

엄마는 우리 집 **경제**를 알뜰살뜰 꾸려 가세요. 오늘은 마감 할인하는 빵을 사러 엄마와 함께 빵집에 갔어요.

소 득

엄마는 소금빵을 많이 만들어서 팔 수 있다면 우리 집 **소득**이 올라갈 거라고 말씀하셨어요.

소 비

소금빵은 이미 다른 사람들이 많이 팔고 있었어요. 결국 우리가 만든 소금빵을 **소비**하는 데 일주일이 걸렸어요.

다음 글을 읽으며, 빈칸에 들어갈 낱말을 낱말밭에서 찾아 각각 써 보세요.

우리 생활과 가장 밀접하고 활발한 ⁽¹⁾[ㄱ | ㅈ] 활동은 물건을 만들고 구매하는 활동이다. 이러한 활동들이 어떤 과정을 통해 이루어지는지 알아보자.

농촌에서는 농작물을 재배하고 수확하며, 어촌에서는 해산물을 잡는다. 그리고 공장에서는 물건을 만든다. 이런 활동을 ⁽²⁾[ㅅ | ㅅ](이)라고 한다. 생산된 물건과 이것들을 구매하려는 사람들이 만나는 곳이 바로 ⁽³⁾[ㅅ | ㅈ](이)다. 이곳에서 사람들은 돈을 지급하여 물건을 사는데 이를 ⁽⁴⁾[ㅅ | ㅂ](이)라고 한다.

우리는 매일 경제 활동을 하며 돈을 쓰기도 하고 벌기도 한다. 생산한 물건을 팔거나, 공장에서 물건을 만드는 노동력을 제공하며 돈을 벌게 되는데 이것이 ⁽⁵⁾[ㅅ | ㄷ](이)다. 이렇게 번 돈은 필요한 물건을 소비하는 데 쓴다. 이런 과정으로 경제는 계속 돌아가게 된다.

낱말밭 사전

확인 ☑

* **경제** 사람들이 생활하는 데 필요한 물건이나 서비스를 만들고 쓰는 활동. ☐

* **생산** 사람이 생활하는 데 필요한 여러 물건이나 서비스를 만들어 내는 활동. ☐

* **시장** ① 재화나 서비스가 거래되는 영역. / ② 물건의 거래가 이루어지는 일정한 장소. ☐

* **소득** 어떤 일을 해서 얻는 이익이나 돈. ☐

* **소비** 돈, 물건, 시간 등을 써서 없앰. ☐

01 다음 낱말의 뜻으로 알맞은 것을 보기에서 찾아 기호를 쓰세요.

> **보기**
> ㉠ 어떤 일을 해서 얻는 이익이나 돈.
> ㉡ 사람들이 생활하는 데 필요한 물건이나 서비스를 만들고 쓰는 활동.
> ㉢ 사람이 생활하는 데 필요한 여러 물건이나 서비스를 만들어 내는 활동.

(1) 생산 (   )　　　(2) 경제 (   )　　　(3) 소득 (   )

02 다음 문장의 빈칸에 들어갈 낱말을 보기에서 찾아 쓰세요.

> **보기**
> 　　　　경제　　　　소비

(1) 우리나라 (   )는 수출을 중심으로 성장해 왔다.

(2) 무더위가 이어지자 에어컨 사용으로 인한 전력 (   )가 크게 늘었다.

03 다음 문장 중 밑줄 친 낱말이 바르게 사용된 것을 찾아 ○표 하세요.

① 경제는 주로 교통이 편리한 곳에 들어선다. (   )

② 올해 농사가 잘되어 외할머니 댁의 소득이 늘었다. (   )

04 다음 빈칸에 공통으로 들어갈 낱말로 알맞은 것은 무엇인가요? (   )

> 　　신라 시대에 만들어진 '경시'는 문헌에 기록된 우리나라 최초의 [   ]이다. 이후 사람이 많이 모이는 지역 곳곳에 '향시'가 생겨났다. 당시 사람들은 쌀이나 옷감을 필요한 물건과 서로 바꾸었다. 이후 정기적으로 열리는 정기 [   ]을/를 거쳐 일정 지역에서 늘 물건을 사고파는 상설 [   ](으)로 발달했다.

① 경제　　　② 생산　　　③ 소비　　　④ 소득　　　⑤ 시장

05 다음 ㉠과 ㉡에 들어갈 알맞은 낱말을 바르게 짝 지은 것은 무엇인가요?

( )

> 프로슈머는 생산자와 소비자를 더한 말로, 에너지 프로슈머는 에너지를 직접 ㉠ 하고 소비하는 사람을 말한다. 집에 태양광 패널을 설치해 직접 전기를 ㉠ 해 자기가 쓰고, 남은 전기는 필요로 하는 사람에게 팔아 ㉡ 을/를 올릴 수 있다. 에너지 프로슈머는 온실가스를 줄이는 데 도움을 주기 때문에 정부는 에너지 프로슈머를 권장하고 있다.

① ㉠: 생산 - ㉡: 소득   ② ㉠: 생산 - ㉡: 소비   ③ ㉠: 소득 - ㉡: 시장

④ ㉠: 생산 - ㉡: 경제   ⑤ ㉠: 소비 - ㉡: 소득

06 다음 밑줄 친 낱말과 뜻이 반대되는 낱말을 찾아 쓰세요.

> 사람들은 어떤 소비를 착한 소비라고 생각할까? 조사에 따르면 사람들은 친환경 제품을 사는 것, 사회적 책임을 다하는 회사의 제품을 사는 것, 지역에서 <u>생산</u>한 제품을 사는 것 순으로 착한 소비에 가깝다고 생각하고 있다. 그리고 착한 소비를 실천했을 때 사람들의 만족감이 더 크다고 한다.

( )

 2 단계 　**활용**

07 다음 보기와 같이 주어진 낱말을 넣어 짧은 문장을 만들어 쓰세요.

> **보기**
>
> 경제
>
> ✎ 경제가 발전하면서 우리의 삶의 질도 더 나아졌다.

(1) 소득

✎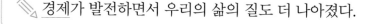

(2) 시장

✎

01 다음 문장의 빈칸에 들어갈 낱말을 **보기**에서 찾아 쓰세요.

보기

경제   구매   소득

(1) 나는 할인 쿠폰을 이용하여 영화표를 저렴하게 (   )했다.

(2) 농산물 가격마저 내리면서 농촌 (   )은/는 더욱 침체되었다.

(3) 사람들은 대부분 직업을 가지고 일을 하며 (   )을/를 얻는다.

02 다음 초성을 보고, 빈칸에 들어갈 알맞은 낱말을 쓰세요.

(1) ㅅ ㅂ ㅂ

✎ 우리나라의 (   )은/는 법에 따른 재판을 담당하고 있다.

(2) ㅅ ㅈ

✎ 물건을 파는 사람과 사는 사람 모두에게 (   )이/가 필요하다.

03 다음 문장 중 밑줄 친 낱말이 바르게 사용된 것을 찾아 ◯표 하세요.

① 선거가 있을 때 개표하는 것은 국민의 권리이다. (   )

② 삼권 분립은 나라의 권력이 한 곳에 집중되는 것을 막아 준다. (   )

04 다음 ㉠과 ㉡에 들어갈 알맞은 낱말을 바르게 짝 지은 것은 무엇인가요?

(   )

┌───┐
│   ㉠   활동에는 세 가지 유형이 있다. 먼저 자연에서 직접   ㉡ 을/
│ 를 얻는 농업, 수산업, 임업과   ㉡ 을/를 채굴하는 광업이 있다. 다음으
│ 로, 이를 활용해 공장에서 제품을 만드는 제조업이 있다. 마지막으로 공연, 의
│ 료, 판매 등 우리 생활을 편리하고 즐겁게 해 주는 서비스업이 있다.
└───┘

① ㉠: 경제 - ㉡: 생산   ② ㉠: 소비 - ㉡: 구매   ③ ㉠: 구매 - ㉡: 자원

④ ㉠: 경제 - ㉡: 소비   ⑤ ㉠: 생산 - ㉡: 자원

정답 및 해설 **23쪽**

05 다음 빈칸에 공통으로 들어갈 낱말로 알맞은 것은 무엇인가요? (　　　　)

> 건우: ○○○ 후보는 자기가 [　　　]되면 집마다 1억 원씩 준대.
> 지윤: 표를 받고 싶은 마음은 알겠지만, 못 지킬 약속 아냐?
> 건우: 그렇지? 이렇게 거짓말하는 후보는 [　　　]되면 안 될 것 같아.

① 투표　　② 구매　　③ 생산　　④ 소비　　⑤ 당선

06 다음 빈칸에 들어갈 알맞은 낱말을 **보기**에서 찾아 쓰세요.

> **보기**
>
> 희소성　　　　기회비용

> [　　　]은/는 종교에 따라 다르게 나타날 수 있다. 소고기는 우리나라에서 사람들이 즐겨 찾는 음식이어서 소비가 많다. 하지만 힌두교를 믿는 인도에서는 소고기를 먹지 않는다. 따라서 소고기를 원하는 사람이 적은 인도에서는 소고기의 [　　　]이/가 낮다고 볼 수 있다.

(　　　　　　)

07 다음 밑줄 친 부분과 뜻이 비슷한 낱말은 무엇인가요? (　　　　)

> 국회는 <u>법을 만드는 일을 하는 국가 기관</u>으로 국회 의원들이 모여서 일을 한다. 그리고 국회는 정부가 일을 제대로 하고 있는지 감시하고, 나라 살림에 쓸 돈을 계획한 예산도 검토한다.

① 개표　　② 사법부　　③ 입법부　　④ 행정부　　⑤ 삼권 분립

08 다음 글을 읽고, 빈칸에 들어갈 알맞은 낱말을 쓰세요.

> 선거에는 네 가지 원칙이 있다. 첫째, 만 18세 이상의 국민은 누구나 투표할 수 있으며, 둘째, 모든 표는 동일한 가치를 가진다. 셋째, 자기가 직접 투표해야 하며, 넷째, 투표 내용은 비밀로 유지해야 한다.

→ [　　]의 네 가지 원칙

[09~11] 다음 글을 읽고, 물음에 답하세요.

국민이 권력을 가지고 국민의 뜻에 따라 나라를 다스리는 정치 제도를 민주주의라고 한다. 하지만 모든 국민이 직접 정치에 참여하여 나랏일을 결정하기는 어렵다. 그래서 국민은 선거로 대표자를 뽑고 이들이 국민을 대신해서 정책을 결정하고 나랏일을 한다. 선거는 국민이 정치에 참여하는 가장 기본적인 방법이고, 자신의 권리를 행사할 수 있는 가장 쉬운 방법이다. 그래서 선거를 민주주의의 꽃이라 한다.

우리는 시장, 국회 의원, 대통령 등을 선거를 통해 뽑는다. 국민은 원하는 후보자를 ⃞ ㉠ ⃞ 하여 투표한다. 그리고 개표 후 더 많은 표를 얻은 후보자가 당선되는 것이다. 하지만 선거만으로 민주주의를 실현할 수는 없다. 예를 들어 대통령은 ⃞ ㉡ ⃞ 의 우두머리로, 우리나라 정부를 이끄는 막중한 권한을 갖는다. 대통령이 국민의 의견을 반영해서 제대로 나랏일을 하고 있는지 계속해서 관심을 두고 지켜보아야 한다. 국민이 선거에 참여하고 정치에 꾸준히 관심을 가져야 참된 민주주의가 실현될 수 있을 것이다.

09 ㉠과 ㉡에 들어갈 알맞은 낱말을 **보기**에서 찾아 쓰세요.

> **보기**
>
> 구매   선택   소비   사법부   행정부

(1) ㉠: (   )   (2) ㉡: (   )

10 다음 뜻을 가진 낱말을 윗글에서 찾아 쓰세요.

> 투표하고 나서 결과를 살피고 판단함.

(   )

11 다음은 이 글의 제목입니다. 빈칸에 들어갈 알맞은 낱말은 무엇인가요?

(   )

> ⃞⃞⃞⃞의 꽃, 선거

① 기회비용   ② 경제생활   ③ 민주주의   ④ 국가 기관   ⑤ 삼권 분립

🌼 디지털 속 한 문장

정답 및 해설 **23**쪽

다음을 보고, **투표**라는 낱말을 넣어 ㉠에 들어갈 답글을 글이나 문장으로 쓰세요.

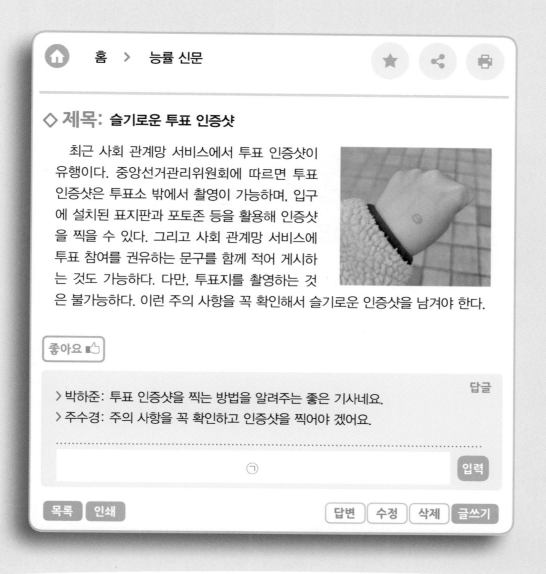

🏠 홈 〉 능률 신문 ⭐ ✂️ 🖨️

◇ **제목:** 슬기로운 투표 인증샷

　최근 사회 관계망 서비스에서 투표 인증샷이 유행이다. 중앙선거관리위원회에 따르면 투표 인증샷은 투표소 밖에서 촬영이 가능하며, 입구에 설치된 표지판과 포토존 등을 활용해 인증샷을 찍을 수 있다. 그리고 사회 관계망 서비스에 투표 참여를 권유하는 문구를 함께 적어 게시하는 것도 가능하다. 다만, 투표지를 촬영하는 것은 불가능하다. 이런 주의 사항을 꼭 확인해서 슬기로운 인증샷을 남겨야 한다.

좋아요 👍

〉박하준: 투표 인증샷을 찍는 방법을 알려주는 좋은 기사네요.
〉주수경: 주의 사항을 꼭 확인하고 인증샷을 찍어야 겠어요.

답글

[㉠] 입력

목록　인쇄　　　　　답변　수정　삭제　글쓰기

✏️

과학

01~04

주제별로 묶어 어휘를 의미적으로 연결하여 학습해 봐!

과학 주제 01 힘의 종류에는 무엇이 있을까?
– 힘, 중력, 마찰력, 탄성력, 부력

월 일

과학 주제 02 공기는 어떤 특징을 가지고 있을까?
– 공기, 냉각, 부피, 압력, 기압

월 일

과학 주제 03 강은 땅을 어떻게 변화시킬까?
– 강, 상류, 침식, 하류, 퇴적

월 일

과학 주제 04 태양계는 어떻게 구성되어 있을까?
– 태양계, 행성, 태양, 별, 별자리

월 일

과학 주제 01~04 낱말밭 주간학습

월 일

실수로 접시를 떨어뜨린 기억이 떠올랐어요. 물건이 아래로 떨어지는 것을 통해 **중력**이 작용한다는 것을 알 수 있어요.

겨울철 눈이 쌓인 도로에 모래를 뿌리면 **마찰력**이 커져서 자동차가 미끄러지지 않아요.

힘

선생님께서 일상생활에서 느끼거나 활용하는 다양한 **힘**을 알아보라고 하셨어요.

탄 성 력

고무나 용수철처럼 늘어나면 되돌아가려는 힘이 **탄성력**이에요. 용수철이 있는 트램펄린, 저울 등은 이 힘을 이용한 거예요.

부 력

물고기의 몸속에는 부레가 있어요. 이 부레에 공기를 넣으면 **부력**이 생겨 위로 뜨고 공기를 빼면 아래로 가라앉아요.

떠오를 때 부레가 커짐.

가라앉을 때 부레가 작아짐.

다음 글을 읽으며, 빈칸에 들어갈 낱말을 낱말밭에서 찾아 각각 써 보세요.

우리가 무심코 지나치는 일상에는 여러 가지 ⁽¹⁾[ㅎ]이 숨어 있다. 가장 흔하게 볼 수 있는 힘으로 지구가 물체를 당기는 ⁽²⁾[ㅈ][ㄹ]이 있다. 연필이나 지우개가 책상에서 바닥으로 떨어질 때, 나무에 달린 과일이 땅으로 떨어질 때 중력이 작용한다.

중력의 반대 방향으로 작용하는 힘도 있다. 공기나 물속에 잠긴 물체에 작용하는 압력에 의해 물체가 위로 뜨려는 힘이 ⁽³⁾[ㅂ][ㄹ]이다. 배가 물에 뜨고, 풍선이 하늘로 날아가는 것도 부력 때문이다. 겨울에는 물체의 움직임을 방해하는 ⁽⁴⁾[ㅁ][ㅊ][ㄹ]을 만날 수 있다. 눈이 오는 날, 길에 모래를 뿌리면 마찰력이 커져서 미끄럽지 않다. 그리고 어떤 물체에는 늘어나면 원래대로 되돌아가려는 힘이 있는데 이를 ⁽⁵⁾[ㅌ][ㅅ][ㄹ]이라고 한다. 고무줄이나 용수철 같은 물체는 모양이 변했다가 원래의 모양으로 되돌아가려는 성질이 있다. 특히 고무가 가진 탄성력 덕분에 옷이 흘러내리지 않고 농구나 축구 같은 공놀이도 즐길 수 있다.

낱말밭 사전

확인 ☑

* **힘** 물체의 모양이나 움직임의 상태를 변하게 하는 작용. ☐

* **중력** 지구 위의 물체가 지구로부터 받는 힘. ☐

* **마찰력** 맞닿은 두 물체가 서로의 움직임을 방해하는 힘. ☐

* **탄성력** 모양이 변했다가 원래 모양으로 되돌아가려는 힘. ☐

* **부력** 물체가 물이나 공기 중에서 뜰 수 있게 해 주는 힘. ☐

01 다음 뜻을 가진 낱말을 보기 에서 찾아 쓰세요.

> **보기**
>
> 힘　　　　중력　　　　마찰력

(1) 지구 위의 물체가 지구로부터 받는 힘. (　　　　　)

(2) 맞닿은 두 물체가 서로의 움직임을 방해하는 힘. (　　　　　)

(3) 물체의 모양이나 움직임의 상태를 변하게 하는 작용. (　　　　　)

02 다음 문장에 어울리는 낱말을 찾아 ◯표 하세요.

(1) (중력 , 탄성력) 때문에 물건이 위에서 아래로 떨어진다.

(2) 우리가 수영장에서 물에 뜰 수 있는 것은 (마찰력 , 부력) 때문이다.

03 다음 중 밑줄 친 낱말을 바르게 사용하여 말한 친구의 이름을 쓰세요.

모든 물체는 물속에서 탄성력을 받는대. 그래서 이 음료수 속의 얼음도 물에 떠 있나 봐.
영지

응. 물속에서 누르는 힘에 맞서 물 아래에서 밀어 올리는 힘인 부력이 생겼기 때문이야.
경수

(　　　　　)

04 다음 ㉠과 ㉡에 들어갈 알맞은 낱말을 바르게 짝 지은 것은 무엇인가요?

(　　　　　)

> 강 위에 놓인 다리는 다른 물체들처럼 지구가 끌어당기는 　㉠　을 받고 있지만 바닥으로 떨어지지 않는다. 여러 개의 기둥이 다리를 떠받치고 있기 때문이다. 기둥 하나는 약하지만 여러 개를 놓으면 무거운 다리도 떠받칠 수 있다. 이를 '　㉡　의 분산'이라고 하는데, 인류는 옛날부터 이 원리를 이용해서 건축물을 지었다.

① ㉠: 중력 - ㉡: 힘　　　② ㉠: 중력 - ㉡: 부력　　　③ ㉠: 부력 - ㉡: 중력

④ ㉠: 탄성력 - ㉡: 중력　　　⑤ ㉠: 탄성력 - ㉡: 마찰력

05 다음 빈칸에 공통으로 들어갈 낱말로 알맞은 것은 무엇인가요? (   )

> 우리 생활에서는 ☐☐☐이 커서 도움을 주는 경우와 작아서 도움을 주는 경우가 있다. 고무로 타이어를 만들고 무늬를 새기면 ☐☐☐이 커져서 차를 쉽게 멈출 수 있다. 반대로 스키나 스케이트의 바닥을 매끄럽게 다듬으면 ☐☐☐이 작아져 빠른 속도를 낼 수 있다. 물놀이 공원에서 미끄럼틀에 물을 흘려 주는 것도 ☐☐☐을 작게 만들기 위한 것이다.

① 힘   ② 중력   ③ 부력   ④ 탄성력   ⑤ 마찰력

06 다음 빈칸에 들어갈 알맞은 낱말을 보기 에서 찾아 쓰세요.

> **보기**
>
> 부력   중력

> 1783년 6월 4일, 몽골피에 형제는 비단 천으로 거대한 주머니를 만들고 그 아래에 불을 피웠다. 주머니 안의 공기가 뜨거워지자, 주머니 밖의 차가운 공기보다 가벼워지면서 열기구에 작용하는 ㉠ 이 커졌고, 열기구는 지구가 당기는 힘인 ㉡ 을 거스르며 위로 떠올랐다.

(1) ㉠: (   ) (2) ㉡: (   )

2단계 **활용**

07 다음 보기 와 같이 주어진 낱말을 넣어 짧은 문장을 만들어 쓰세요.

> **보기**
>
> 힘
>
> ✎ 물체를 끄는 데 필요한 힘을 측정한다.

(1) 마찰력

✎ _____

(2) 부력

✎ _____

수증기를 머금은 공기가 땅 가까이에서 차가워지면 수증기가 **냉각**되어 작은 물방울로 떠 있는데, 이것이 안개예요.

풍선을 더운물 위에 두면 풍선은 크기가 커져요. 왜냐하면 공기가 뜨거워지면 **부피**가 커지기 때문이에요.

냉각

부피

공기

눈에 보이지 않고 냄새도 없지만 **공기**는 늘 우리 주변에 있어요. 이러한 공기는 여러 가지 특징이 있지요.

압력

높은 곳으로 가면 공기가 누르는 **압력**이 낮아져요. 그래서 높은 산에서 과자 봉지가 커지는 현상을 볼 수 있어요.

기압

바람으로 공기의 움직임을 느낄 수 있어요. 두 곳 사이에 **기압**의 차이로 공기가 이동하면서 바람이 불어요.

다음 글을 읽으며, 빈칸에 들어갈 낱말을 낱말밭에서 찾아 각각 써 보세요.

우리가 매일 숨 쉬고 있는 ⁽¹⁾ ㄱ ㄱ 은/는 늘 우리 주변에 있지만 눈에 보이지 않고 색과 냄새, 맛도 느낄 수 없다. 공기의 정체는 과연 무엇일까?

공기는 가볍지만 무게가 있어 양이 많을수록 무거워진다. 공기의 무게로 인해 생기는 힘인 ⁽²⁾ ㄱ ㅇ 은/는 지구의 날씨에 큰 영향을 끼친다.

공기는 무게뿐 아니라 ⁽³⁾ ㅂ ㅍ 도 가지고 있다. 풍선을 불어 풍선 속에 공기가 가득 차면 풍선은 크게 부푼다. 공기 입자들이 풍선을 미는 힘, 즉 ⁽⁴⁾ ㅇ ㄹ 이/가 풍선을 부풀리기 때문이다. 공기의 부피는 공기의 온도와도 관련이 있다. 온도가 올라가면 공기 입자들의 운동이 활발해져 부피가 커지고 온도가 내려가면 부피가 작아진다.

공기를 이루는 여러 기체는 생활 속에서도 이용되고 있다. 질소는 과자 봉지 속에서 우리가 좋아하는 과자를 보관하는 데 사용되고, 이산화탄소를 ⁽⁵⁾ ㄴ ㄱ 한 드라이아이스는 음식의 온도를 차갑게 유지하는 데 사용된다.

낱말밭 사전

확인 ✓

* **공기** 지구를 둘러싼 대기를 구성하는 기체. ☐

* **냉각** 식어서 차게 됨. ☐

* **부피** 넓이와 높이를 가진 물건이 공간에서 차지하는 크기. ☐

* **압력** 밀거나 누르는 힘. ☐

* **기압** 공기의 무게에 의해 눌리는 힘. ☐

01 다음 낱말의 뜻으로 알맞은 것을 보기에서 찾아 기호를 쓰세요.

> **보기**
> ㉠ 밀거나 누르는 힘.
> ㉡ 공기의 무게에 의해 눌리는 힘.
> ㉢ 지구를 둘러싼 대기를 구성하는 기체.

(1) 압력 (   )　　(2) 기압 (   )　　(3) 공기 (   )

02 다음 초성을 보고, 빈칸에 들어갈 알맞은 낱말을 쓰세요.

(1) | ㄴ | ㄱ |

✎ 액체 상태의 물을 (   )시키면 얼음이 된다.

(2) | ㅂ | ㅍ |

✎ 기체는 담는 그릇에 따라 모양과 (   )이/가 변한다.

03 다음 문장의 빈칸에 들어갈 낱말을 보기에서 찾아 쓰세요.

> **보기**
> 　　　　기압　　　　공기

(1) 늦가을이 되자 새벽 (   )이/가 제법 쌀쌀해졌다.

(2) 높은 산에 올라가면 (   )이/가 낮아져 귀가 멍멍해진다.

04 다음 ㉠과 ㉡에 들어갈 알맞은 낱말을 바르게 짝 지은 것은 무엇인가요?
(   )

> 　　우리가 마시는 탄산음료는 이산화 탄소를 물에 녹여서 만든다. 이산화 탄소는 [㉠]이/가 높을수록, 온도가 낮을수록 물에 잘 녹는다. 그래서 탄산음료를 만든 뒤 [㉠]은/는 높게, 온도는 낮게 유지되도록 포장한다. 그런데 탄산음료 캔을 흔들고 캔을 따는 순간, 캔 안의 [㉠]이/가 낮아지고 기포의 [㉡]이/가 커지면서 탄산음료가 흘러넘친다.

① ㉠: 냉각 - ㉡: 기압　　② ㉠: 압력 - ㉡: 공기　　③ ㉠: 부피 - ㉡: 기압

④ ㉠: 압력 - ㉡: 부피　　⑤ ㉠: 공기 - ㉡: 냉각

05 다음 빈칸에 들어갈 낱말로 알맞은 것은 무엇인가요? (   )

> 땅 근처에서 열을 받아 따뜻해진 공기는 위로 올라간다. 위로 올라간 공기는 온도가 낮아지면 [   ]되어 물방울이 되는데, 이것이 구름이다. 구름을 이루는 물방울이 합쳐져 무거워지면 비가 되어 땅으로 떨어진다.

① 공기   ② 기압   ③ 부피   ④ 냉각   ⑤ 압력

06 다음 밑줄 친 부분과 뜻이 비슷한 낱말을 찾아 쓰세요.

> 영국의 과학자 보일은 실험을 통해 일정한 온도에서 압력이 높아지면 공기의 부피가 줄어들고, 압력이 낮아지면 공기의 부피가 늘어난다는 사실을 발견했다. 이러한 현상은 생활 속에서도 찾을 수 있다. 바닷속에서 잠수부가 내뿜는 공기 방울은 수면 가까이 올라갈수록 커진다. 왜냐하면 수면 가까이 갈수록 물이 공기 방울을 밑거나 누르는 힘이 작아지기 때문이다.

(   )

2단계 **활용**

07 다음 보기와 같이 주어진 낱말을 넣어 짧은 문장을 만들어 쓰세요.

> **보기**
>
> 공기
>
> ✎ 따뜻한 공기는 가벼워서 위로 올라간다.

(1) 부피

✎ ------------------------------

(2) 냉각

✎ ------------------------------

08 다음 두 낱말을 모두 넣어 짧은 문장을 만들어 쓰세요.

> 압력   기압

✎ ------------------------------

선우는 폭포가 있는 곳에서 사진을 찍었어요. 주변에 큰 돌이 많은 것을 보니 강의 **상류**에서 찍었나 봐요.

상 류

강폭이 좁고 흐르는 물이 적은 것을 보니 강의 상류가 맞아요. 이곳에서는 바위나 돌이 **침식**된 흔적들을 많이 볼 수 있어요.

침 식

강

지난주, 선우와 정민이는 각각 낙동강에 놀러 갔다 왔어요. 두 친구가 찍은 사진 속 **강**의 모습은 크게 달랐어요.

하 류

정민이는 넓은 들판과 잔잔한 강 앞에서 사진을 찍었어요. 멀리 논과 마을이 있는 것을 보니 강의 **하류**에서 찍었네요.

퇴 적

천천히 흐르는 강 가운데에 모래가 **퇴적**된 땅이 보이는데, 마치 섬을 보는 느낌이 들어요.

다음 글을 읽으며, 빈칸에 들어갈 낱말을 낱말밭에서 찾아 각각 써 보세요.

흐르는 강물은 땅의 모습을 바꿀 수 있는 힘이 있다. 산의 윗부분에 흐르는 (1) ㄱ 은/는 물의 양은 적지만 물살이 빠르다. 여기서는 땅을 깎아 내는 (2) ㅊ ㅅ 작용이 활발하게 일어난다. 특히 물이 흐르는 골짜기의 경사가 급한 곳은 강물이 강바닥 쪽을 향한 침식이 활발하기 때문에 알파벳 V자를 닮은 'V자 계곡'이 만들어진다.

중류에서는 (3) ㅅ ㄹ 보다 물의 속도가 느려지고 강폭도 넓어지며 강물이 장애물을 피해 알파벳 S자 모양으로 흐른다. 구부러진 바깥쪽은 물의 속도가 빨라 침식 작용이 활발하고, 안쪽은 속도가 느려 흙과 모래가 쌓인다.

강물은 (4) ㅎ ㄹ (으)로 갈수록 속도가 더 느려져서 침식보다 (5) ㅌ ㅈ 작용이 활발해진다. 그래서 여태 가라앉지 못한 가벼운 진흙과 모래가 하류에 쌓여 넓은 들판을 이룬다. 강과 바다가 만나는 곳에서는 삼각형 모양으로 진흙과 모래가 쌓여 '삼각주'를 만든다.

낱말밭 사전

확인 ✓

* **강** 바다나 호수로 흘러가는 큰 물줄기.

* **상류** 강이나 내의 위쪽.

* **침식** 바람, 비, 흐르는 물 등이 땅이나 바위를 깎는 일.

* **하류** 강이나 내의 아래쪽.

* **퇴적** 물, 바람, 빙하의 움직임에 따라 자갈이나 모래가 쌓이는 일.

1단계 확인과 적용

01 다음 낱말의 뜻으로 알맞은 것을 보기에서 찾아 기호를 쓰세요.

> **보기**
> ㉠ 강이나 내의 위쪽.
> ㉡ 바다나 호수로 흘러가는 큰 물줄기.
> ㉢ 바람, 비, 흐르는 물 등이 땅이나 바위를 깎는 일.

(1) 강 (   )　　　(2) 침식 (   )　　　(3) 상류 (   )

02 다음 문장의 빈칸에 들어갈 낱말을 보기에 있는 글자 카드로 만들어 보세요.

> **보기**
> 　류　　　식　　　상　　　침

(1) 강의 (   )은/는 물길이 좁으며, 커다란 바위를 볼 수 있다.

(2) 해안 절벽은 파도의 반복되는 (   ) 작용 후에 남겨진 부분이다.

03 다음 문장 중 밑줄 친 낱말을 바르게 사용한 것을 찾아 ○표 하세요.

① 강의 하류에서는 폭포와 계곡을 볼 수 있다. (   )

② 경사가 급한 곳에 물이 흐르면 침식 작용이 잘 일어난다. (   )

04 다음 밑줄 친 부분과 바꾸어 쓸 수 있는 낱말은 무엇인가요? (   )

> 　인류가 농사를 짓기 시작하면서 작물이 잘 자랄 수 있는 땅을 찾아 나섰다. 농사에는 물이 많이 필요하기 때문에 인류는 바다나 호수로 흘러가는 큰 물줄기 근처에 모여들었다. 4대 문명이라 일컬어지는 메소포타미아, 이집트, 인더스, 황하 문명 모두 강을 중심으로 시작된 것도 이 때문이다.

① 힘　　　② 강　　　③ 퇴적　　　④ 상류　　　⑤ 하류

05 다음 빈칸에 들어갈 알맞은 낱말을 보기 에서 찾아 쓰세요.

보기

퇴적　　　　　하류

상류에서 시작된 강물은 　⊙　에서 바다와 만난다. 이곳에서는 삼각주뿐 아니라 갯벌도 볼 수 있다. 갯벌은 깊이가 얕고 평평하며, 밀물과 썰물 차이가 큰 곳에 생긴다. 우리나라 서해안은 바다의 경사가 완만하고 밀물과 썰물의 차이가 크며, 파도가 강하지 않아 강물이 싣고 온 진흙과 모래가 잘 　ⓛ　된다. 갯벌이 만들어지기에 아주 좋은 조건들을 갖추고 있다.

(1) ⊙: (　　　　　　　) 　(2) ⓛ: (　　　　　　　　　)

06 다음 빈칸에 공통으로 들어갈 낱말로 알맞은 것은 무엇인가요? (　　　　　)

빙하의 　　　　작용으로 여러 지형이 만들어진다. 빙하가 흘러내릴 때 옆면을 깎아 뿔 모양이 뾰족한 산봉우리를 만드는데, 이것을 '혼'이라 한다. 그리고 빙하는 알파벳 U자 모양의 'U자곡'을 만든다. 'U자곡'은 좌우의 벽이 　　　　되어 가파른 절벽처럼 보이며, 바닥이 넓고 평평하다.

① 강　　　　② 상류　　　　③ 침식　　　　④ 하류　　　　⑤ 퇴적

2단계　　**활용**

07 다음 보기 와 같이 주어진 낱말을 넣어 짧은 문장을 만들어 쓰세요.

보기

상류

✎ 강의 상류는 험한 지형을 이용해 래프팅하기에 좋다.

(1) 침식

✎ --

(2) 퇴적

✎ --

모형 앞 화면에는 태양계에 속한 여러 **행성**의 이름이 있어요. 하나씩 누르면 화면에 그림과 설명이 함께 나타나요.

행 성

과학관 안에는 **태양**의 중력을 체험하는 기구가 있어요. 태양은 지구보다 중력이 커서 작은 사과를 드는 것도 힘들었어요.

태 양

태 양 계

나는 형과 함께 우주 과학관에 갔어요. 입구에 들어가니 **태양계**를 축소한 모형이 보였어요.

별

별을 좋아하는 형은 천체 망원경 체험관에 갔어요. 거기에서 천체 망원경으로 별을 보는 방법을 배웠어요.

별 자 리

형과 나는 과학관을 나오면서 북두칠성 모양으로 된 **별자리** 도장을 찍고 집으로 돌아왔어요.

다음 글을 읽으며, 빈칸에 들어갈 낱말을 낱말밭에서 찾아 각각 써 보세요.

우리가 사는 지구는 ⁽¹⁾[ㅌ ㅇ ㄱ]에 속해 있다. 태양계는 태양과 그 주위를 도는 행성, 행성 주위를 도는 위성 등으로 이루어져 있다. 태양계에 속한 ⁽²⁾[ㅎ ㅅ]들은 색깔과 크기는 다르지만 모두 태양의 둘레를 돌고 있다는 공통점이 있다.

태양계의 중심인 ⁽³⁾[ㅌ ㅇ]은/는 지름이 지구의 109배나 될 정도로 크고 지구보다 중력이 28배나 크다. 태양은 강력한 중력으로 태양계의 다른 천체들을 끌어당긴다. 그리고 태양은 태양계에서 유일하게 스스로 빛과 열을 내는데, 태양계의 다른 행성이나 위성은 스스로 빛을 낼 수 없으며 태양의 빛을 받아 반사할 뿐이다.

하지만 거대한 태양계도 넓고 넓은 우주에서는 모래알과 같다. 밤하늘에 반짝이는 수많은 ⁽⁴⁾[ㅂ]은/는 모두 태양계 바깥, 까마득히 먼 우주에서 빛을 내고 있는 것이다. 먼 옛날부터 사람들은 밝은 별을 중심으로 몇 개의 별들을 묶어 신화에 나오는 동물이나 인물의 이름을 붙였는데 이를 '⁽⁵⁾[ㅂ ㅈ ㄹ]'(이)라고 한다.

낱말밭 사전

확인 ☑

* **태양계** 태양과 태양의 영향을 받는 공간과 천체로 이루어진 것. ☐

* **행성** 중심이 되는 큰 별 주위를 도는 둥근 천체. ☐

* **태양** 태양계 중심에 있으며 태양계에서 유일하게 스스로 빛을 내는 천체. ☐

* **별** 스스로 빛을 내는 천체. ☐

* **별자리** 별의 무리를 구분해 이름을 붙인 것. ☐

1단계 확인과 적용 ~~~~~~~~~~~~~~~~~~~~~~~~~~

01 다음 낱말의 뜻으로 알맞은 것을 **보기**에서 찾아 기호를 쓰세요.

> **보기**
> ㉠ 스스로 빛을 내는 천체.
> ㉡ 별의 무리를 구분해 이름을 붙인 것.
> ㉢ 중심이 되는 큰 별 주위를 도는 둥근 천체.

(1) 별 (   )   (2) 행성 (   )   (3) 별자리 (   )

02 다음 문장에 어울리는 낱말을 찾아 ◯표 하세요.

(1) 식물은 (행성 , 태양) 빛으로 광합성을 한다.

(2) (태양계 , 별자리)의 행성들은 각각 고유한 색깔을 가지고 있다.

03 다음 문장의 밑줄 친 부분과 뜻이 비슷한 낱말을 **보기**에서 찾아 쓰세요.

> **보기**
>   별   별자리

(1) 북두칠성은 국자 모양을 한 <u>별의 무리에 이름을 붙인 것</u>이다. (   )

(2) 태양이 비추고 있는 낮에는 <u>스스로 빛을 내는 천체</u>가 보이지 않는다.

                                                (   )

04 다음 ㉠과 ㉡에 들어갈 알맞은 낱말을 바르게 짝 지은 것은 무엇인가요? (   )

> 2005년, 미국 캘리포니아 공대의 브라운 교수는 명왕성보다 큰 에리스를 발견했고, 에리스도 태양 주위를 도는 [㉠](이)라고 주장했다. 이후 명왕성과 에리스가 [㉡]에 속하는지에 대한 논란이 있었다. 국제 천문 연맹은 [㉡]에 속하는 [㉠]의 자격을 새롭게 만들었다. 그 결과, 명왕성과 에리스 모두 [㉠]이/가 아닌 것으로 결론지었다.

① ㉠: 별 - ㉡: 태양   ② ㉠: 별 - ㉡: 행성   ③ ㉠: 태양 - ㉡: 행성

④ ㉠: 행성 - ㉡: 태양계   ⑤ ㉠: 태양계 - ㉡: 별자리

05 다음 빈칸에 공통으로 들어갈 낱말로 알맞은 것은 무엇인가요? (   )

> 어두운 밤에 나침반 없이 길을 잃었을 때, 밤하늘에서 북극성을 찾으면 방향을 알 수 있다. 북쪽 하늘에 뜨는 ⬚⬚⬚인 북극성은 스스로 빛을 내는 천체로 다른 ⬚⬚⬚들과는 달리 자리를 거의 움직이지 않는다고 알려져 있다.

① 별   ② 태양   ③ 행성
④ 별자리   ⑤ 태양계

06 다음 밑줄 친 낱말과 뜻이 비슷한 낱말을 찾아 쓰세요.

> 태양은 표면 온도가 약 5,500℃로 엄청난 열과 강한 빛을 내뿜고 있다. 따라서 맨눈으로 태양을 오래 쳐다보거나 망원경으로 태양을 직접 바라보는 것은 눈에 좋지 않다. 과거의 천문학자들은 달이 <u>해</u>를 가리는 일식이 일어날 때 태양을 관찰했다고 한다.

(   )

2단계 **활용**

07 다음 **보기**와 같이 주어진 낱말을 넣어 짧은 문장을 만들어 쓰세요.

> **보기**
>
> 태양계
>
> ✎ 태양계에 속한 행성의 표면을 비교하고 어떤 점이 다른지 생각해 본다.

행성

✎ -----------------------------------

08 다음 두 낱말을 모두 넣어 짧은 문장을 만들어 쓰세요.

> 별   별자리

✎ -----------------------------------

01 다음 문장에 어울리는 낱말을 찾아 ○표 하세요.

(1) 강의 (기압 , 상류)에서는 커다란 바위와 모난 돌을 볼 수 있다.

(2) 우리 집 냉장고가 고장나서 (냉각 , 퇴적)이 제대로 되지 않는다.

(3) 가뭄으로 인해 우리 지역을 흐르는 (강 , 부력)의 밑바닥이 드러났다.

02 다음 문장의 빈칸에 들어갈 낱말을 보기 에서 찾아 쓰세요.

> 보기
>
> 부력   하류

(1) 우리는 (   ) 때문에 물 위에 뜰 수 있다.

(2) 삼각주는 퇴적 작용이 활발한 강의 (   )에 주로 발달한다.

03 다음 중 밑줄 친 낱말을 바르게 사용하여 말한 친구의 이름을 쓰세요.

민준아, 물체의 무게가 무거울수록 마찰력이 크게 작용한대. 넌 알고 있었어?

채원

응. 그리고 수영장 미끄럼틀에 물을 흘려서 몸에 닿는 탄성력을 줄여 피부를 보호한대.

민준

(   )

04 다음 빈칸에 들어갈 알맞은 낱말을 보기 에서 찾아 쓰세요.

> 보기
>
> 침식   퇴적

동해안의 모래가 사라지는 해안 [㉠]은 인간이 만든 재해이다. 방파제는 모래가 쌓이는 [㉡]을 방해하고, 건설 자재로 사용하려고 모래를 채취해 가니, 해안에는 파도의 충격을 흡수할 만큼의 모래가 남아 있지 않다. 그나마 있던 모래도 파도를 따라 바다로 쓸려 나가고 있다.

(1) ㉠: (   )   (2) ㉡: (   )

정답 및 해설 28쪽

05 다음 빈칸에 공통으로 들어갈 낱말로 알맞은 것은 무엇인가요? (   )

> 서희: 깜빡하고 생수병을 냉동실에 넣어 뒀더니, 물이 얼면서 [   ]이/가 늘어나 생수병이 부풀었어.
>
> 우재: 물과 반대로 기체는 온도가 올라가면 [   ]이/가 늘어나지. 그래서 찌그러진 탁구공을 뜨거운 물에 넣으면 탁구공이 원래 모양으로 돌아와.

① 중력   ② 기압   ③ 침식   ④ 행성   ⑤ 부피

06 다음 글을 읽고, 빈칸에 들어갈 알맞은 낱말을 쓰세요.

> 화성은 태양의 주위를 도는 행성으로, 제2의 지구로 불린다. 화성의 표면에는 딱딱한 땅과 물이 흐른 흔적이 있다. 또한 화성의 하루는 약 24.6시간으로 지구와 비슷하며, 태양을 공전하면서 계절이 생기는 것도 지구와 닮았다.

→ 지구와 닮은 [   ][   ], 화성

07 다음 빈칸에 들어갈 알맞은 낱말을 찾아 ◯표 하세요.

> 진공청소기는 압력이 높은 곳에서 낮은 곳으로 이동하는 [   ]의 이동 원리를 이용한다. 진공청소기가 작동하면 모터가 청소기 안의 [   ]을/를 밖으로 내보내 청소기 안의 압력을 낮춘다. 그러면 청소기 밖의 [   ]이/가 먼지와 함께 청소기 안으로 들어오게 된다.

(공기 , 기압)

08 다음 밑줄 친 부분과 뜻이 비슷한 낱말을 찾아 쓰세요.

> 별자리는 메소포타미아 지방에서 양을 치던 목동들이 방향이 같은 별들을 한 무리로 묶어서 이름을 붙인 것에서 시작됐다. 이것은 나중에 그리스와 로마의 천문학에도 영향을 주었다.

(   )

[09~11] 다음 글을 읽고, 물음에 답하세요.

오로라는 태양의 폭발로 나온 전기 입자들이 지구의 ㉠공기와 부딪쳐서 다양한 빛을 뿜어내는 현상이다. 오로라를 만들어 내는 태양은 11년에 한 번씩 활발하게 활동한다. 이때 태양 표면에는 '플레어'라고 불리는 폭발 현상이 자주 발생한다. 폭발과 함께 엄청난 양의 전기 입자들을 태양의 영향을 받는 공간인 ⎡ ㉮ ⎤와/과 우주로 뿜어내는데, 이것을 '태양풍'이라고 한다.

▲ 오로라

지구에 도착한 전기 입자들은 지구의 자기장에 끌려 둥글게 돌아 들어온다. 특히 자기력이 강한 남극과 북극에는 전기 입자가 그대로 끌려 들어오는데, 이렇게 끌려 들어온 전기 입자들은 지구가 끌어당기는 힘인 ⎡ ㉯ ⎤에 꽉 잡혀서 공기와 충돌하게 된다. 이때 형형색색의 아름다운 빛을 뿜어내는 오로라가 발생한다. 남극과 북극에 많은 전기 입자들이 들어오기 때문에 오로라는 주로 극지방에서 관찰된다.

09 ㉠의 뜻으로 알맞은 것은 무엇인가요? (   )

① 스스로 빛을 내는 천체.

② 지구를 둘러싼 대기를 구성하는 기체.

③ 맞닿은 두 물체가 서로의 움직임을 방해하는 힘.

④ 넓이와 높이를 가진 물건이 공간에서 차지하는 크기.

⑤ 태양과 태양의 영향을 받는 공간과 천체로 이루어진 것.

10 ㉮와 ㉯에 들어갈 낱말을 바르게 짝 지은 것은 무엇인가요? (   )

① ㉮: 태양 - ㉯: 부피   ② ㉮: 별자리 - ㉯: 압력   ③ ㉮: 별자리 - ㉯: 중력

④ ㉮: 태양계 - ㉯: 중력   ⑤ ㉮: 태양계 - ㉯: 부력

11 다음은 이 글의 제목입니다. 빈칸에 들어갈 알맞은 낱말은 무엇인가요?

(   )

⎡ ☐☐의 활동으로 만들어지는 오로라 ⎤

① 냉각   ② 상류   ③ 행성   ④ 기압   ⑤ 태양

🌸 디지털 속 한 문장

정답 및 해설 **28**쪽

다음을 보고, 강이라는 낱말을 넣어 답글을 글이나 문장으로 쓰세요.

#강

시원한 가을 아침! 가족과 함께 상쾌한 바람을 맞으면서 강을 따라 달렸다. 귀를 기울이면 강물이 흐르는 소리까지 들렸다. 내일은 엄마 아빠와 더 먼 곳까지 달려봐야지!

과학

05~08

국어 01 02 03 04 주간
학습 05 06 07 08 주간
학습 사회 01 02 03 04 주간
학습 05 06 07 08 주간
학습 과학 01 02 03 04 주간
학습 05 06 07 08 주간
학습 수학

주제별로 묶어 어휘를 의미적으로 연결하여 학습해 봐!

무더운 여름에는 물보다 **얼음**을 더 많이 찾아요. 얼음을 녹여서 물로 마실 수도 있고 갈아서 빙수도 만들 수 있으니까요.

얼 음

뜨거운 햇빛으로 달구어진 마당에 물을 뿌리면 시원해요. 물이 **증발**하면서 뜨거운 열을 가져가기 때문이에요.

증 발

물

우리 몸의 약 60~70%는 **물**로 이루어져 있어요. 그래서 우리가 살아가려면 물이 꼭 필요해요.

가 열

추운 겨울에는 보일러를 켜요. 보일러는 바닥을 돌아다니는 물을 **가열**해서 집 안을 따뜻하게 만들어요.

수 증 기

집이 건조할 때는 가습기를 켜요. 가습기는 **수증기**를 발생시켜 집 안의 습도를 조절해 줘요.

다음 글을 읽으며, 빈칸에 들어갈 낱말을 낱말밭에서 찾아 각각 써 보세요.

　　지구 표면의 약 75%를 차지하는 (1) [ㅁ]은/는 주로 바다에 있으며, 온도와 압력에 따라 고체, 액체, 기체의 세 가지 상태로 존재한다.

　　액체 상태의 물은 일정한 모양이 없어 담는 그릇에 따라 모양이 변한다. 물을 얼리면 고체인 (2) [ㅇ ㅇ]이/가 되어 단단해지고, 부피가 늘어난다. 반대로 물에 열을 더해 뜨겁게 (3) [ㄱ ㅇ]하면 기체 상태인 (4) [ㅅ ㅈ ㄱ]이/가 된다. 물이 기체인 수증기로 변하는 현상을 (5) [ㅈ ㅂ](이)라 하는데, 물이 끓지 않아도 증발은 발생한다. 그릇에 담긴 물은 시간이 지남에 따라 양이 줄어드는데, 이는 물의 표면에서 증발이 일어나기 때문이다.

　　증발한 수증기는 하늘로 올라가고, 하늘로 올라간 수증기는 온도가 낮아지면 다시 물방울이나 얼음 알갱이가 되는데 이것이 구름이다. 구름 속의 물방울, 얼음 알갱이가 커지면 비나 눈이 되어 땅으로 떨어진다. 이러한 과정을 '물의 순환'이라고 한다. 물의 순환은 지구상의 물이 끊임없이 이동하고 변하는 과정을 의미한다.

낱말밭 사전

확인 ☑

* **물** 　생물이 살아가는 데 필요한 맑고 투명한 액체. 　☐

* **얼음** 　물이 얼어서 단단하게 굳은 것. 　☐

* **증발** 　액체 상태에서 기체 상태로 바뀌어 날아감. 　☐

* **가열** 　어떤 물질에 열을 더함. 　☐

* **수증기** 　기체 상태로 되어 있는 물. 　☐

과학 주제 05 낱말밭 일일학습

1단계 확인과 적용

01 다음 낱말의 뜻으로 알맞은 것을 보기 에서 찾아 기호를 쓰세요.

> **보기**
> ㉠ 어떤 물질에 열을 더함.
> ㉡ 물이 얼어서 단단하게 굳은 것.
> ㉢ 액체 상태에서 기체 상태로 바뀌어 날아감.

(1) 얼음 (   )　　(2) 가열 (   )　　(3) 증발 (   )

02 다음 문장에 어울리는 낱말을 찾아 ○표 하세요.

(1) 나는 땀을 흘린 아빠에게 (수증기 , 얼음)을/를 띄운 주스를 갖다 드렸다.

(2) 생선과 고기는 충분히 (가열 , 증발)해서 먹어야 식중독을 예방할 수 있다.

03 다음 문장의 빈칸에 들어갈 낱말을 보기 에서 찾아 쓰세요.

> **보기**
> 　　　　　　증발　　　　수증기

(1) 컵에 따라 놓은 물이 (   )되어 양이 조금 줄었다.

(2) 물이 끓자 주전자 뚜껑이 (   )을/를 내뿜으며 들썩였다.

04 다음 빈칸에 공통으로 들어갈 낱말로 알맞은 것은 무엇인가요? (   )

> 　　우리나라에서는 옛날부터 돌로 불상을 만들거나 집이나 궁궐의 주춧돌로 썼다. 산에 있는 큰 돌을 그대로 사용할 수 없었기 때문에 [   ]의 상태 변화를 이용했다. 겨울이면 큰 돌의 자르고 싶은 부분을 따라 구멍을 몇 개 뚫고, 그 구멍에 [   ]을/를 붓는다. [   ]이/가 얼면 부피가 커지는 것을 이용해 돌을 갈라지게 한 것이다.

① 물　　　② 얼음　　　③ 가열　　　④ 증발　　　⑤ 수증기

05 다음 빈칸에 들어갈 알맞은 낱말을 **보기**에서 찾아 쓰세요.

> **보기**
>
> 증발   가열

> 냄비에 물을 넣고 ⓐ 하면 물이 끓으면서 기포가 발생한다. 이 기포는 액체인 물이 기체인 수증기로 변해 거품처럼 부푼 것이다. 물 위쪽으로 올라온 기포가 터지면서 ⓑ 도 활발하게 일어나기 때문에 물의 양은 빨리 줄어든다.

(1) ⓐ: (   )　(2) ⓑ: (   )

06 다음 밑줄 친 부분과 뜻이 비슷한 낱말을 찾아 쓰세요.

> 아프리카 사막에 사는 딱정벌레 '스테노카라'는 등에 난 혹을 이용해 수증기를 물로 만들어서 마신다. 사막에 아침이 오면 스테노카라는 바람 부는 방향으로 물구나무를 선다. 그러면 <u>기체 상태의 물</u>이 차가운 혹 끝에 달라붙은 뒤 물방울이 되어 스테노카라의 입으로 들어온다. 이런 방법으로 스테노카라는 사막에서 물을 마시며 살아간다.

(   )

2단계 **활용**

07 다음 **보기**와 같이 주어진 낱말을 넣어 짧은 문장을 만들어 쓰세요.

> **보기**
>
> 물
>
> ✎ 겨울에 바위틈에 있던 물이 얼면서 바위가 쪼개진다.

가열

✎

08 다음 두 낱말을 모두 넣어 짧은 문장을 만들어 쓰세요.

> 증발   수증기

✎

선생님은 혼합물에서 쇳가루를 **분리**해 보자고 하셨어요. 쇠는 자석에 붙는 성질을 이용해서 손쉽게 쇳가루만 분리했어요.

분 리

크기가 다양한 모래를 구멍이 작은 체에 부었어요. 그러자 **알갱이**가 큰 모래만 체 위에 남았어요.

알 갱 이

혼 합 물

과학 시간에 소금과 쇳가루, 크기가 다양한 모래가 들어있는 **혼합물**로 실험을 했어요.

거 름 종 이

남은 혼합물을 물에 넣고 섞은 다음, **거름종이**로 걸렀어요. 거름종이 위에는 작은 모래만 남았어요.

순 물 질

거름종이에서 나온 물이 증발하니 소금만 남았어요. 소금과 쇳가루, 모래가 섞인 혼합물을 분리하니 **순물질**만 남았어요.

다음 글을 읽으며, 빈칸에 들어갈 낱말을 낱말밭에서 찾아 각각 써 보세요.

우리 주변에는 다양한 물질이 존재하는데, 구성 성분에 따라 두 가지로 나눌 수 있다. (1) [ㅅ ㅁ ㅈ] 은/는 물과 소금처럼 다른 물질이 섞이지 않은 순수한 물질이다. 이는 하나의 물질로 이루어져 있으며, 그 물질만의 고유한 특징이 있다. 반면 (2) [ㅎ ㅎ ㅁ] 은/는 두 가지 이상의 물질이 섞인 것으로, 각 물질이 가진 본래의 성질을 그대로 유지한다. 예를 들어, 꿀물에는 꿀의 단맛과 물의 액체 성질이 모두 나타난다.

인간은 이러한 혼합물의 특성을 이용하여 물질을 (3) [ㅂ ㄹ] 해 생활에 활용하고 있다. (4) [ㅇ ㄱ ㅇ] 의 크기가 다른 콩, 팥, 좁쌀 혼합물은 체를 이용하여 분리한다. 그리고 모래가 섞인 소금물은 (5) [ㄱ ㄹ ㅈ ㅇ] (으)로 모래를 걸러 낸 다음 가열하면 소금만 남는다. 이처럼 혼합물을 이루는 물질 각각의 특성을 잘 이해하면 생활에 유용하고 필요한 물건을 효과적으로 만들어 낼 수 있다.

낱말밭 사전

확인 ✓

* **혼합물** 두 가지 이상의 물질이 성질이 변하지 않은 채 서로 섞여 있는 것. ☐

* **분리** 서로 나뉘어 떨어지는 것. ☐

* **알갱이** ① 작고 동그랗고 단단한 물질. / ② 작고 둥근 열매나 곡식의 낟개. ☐

* **거름종이** 액체에 섞인 찌꺼기나 건더기를 거르는 종이. ☐

* **순물질** 한 가지의 물질만으로 이뤄진 물질. ☐

 확인과 적용

01 다음 뜻을 가진 낱말을 보기에서 찾아 쓰세요.

> **보기**
>
> 분리   혼합물   순물질

(1) 서로 나뉘어 떨어지는 것. (   )

(2) 한 가지의 물질만으로 이뤄진 물질. (   )

(3) 두 가지 이상의 물질이 성질이 변하지 않는 채 서로 섞여 있는 것. (   )

02 다음 문장에 어울리는 낱말을 찾아 ◯표 하세요.

(1) 우유에 넣은 설탕 (분리 , 알갱이)는 다 녹지 않고 바닥에 가라앉았다.

(2) 자석에 붙는 성질을 이용해서 철로 만든 물건을 (거름종이 , 분리)할 수 있다.

03 다음 중 밑줄 친 낱말을 바르게 사용하여 말한 친구의 이름을 쓰세요.

(   )

04 다음 밑줄 친 부분과 뜻이 비슷한 낱말을 찾아 쓰세요.

> 금은 사람들이 가지길 원하는 대표적인 보석이다. 순금은 불순물 없이 금 한 가지 물질만으로 이루어진 것으로 노란색이다. 하지만 순금은 매우 부드러워 쉽게 변하기 때문에 순물질 그대로 사용하기에는 한계가 있다. 그래서 오랫동안 형태를 유지하고 다양한 색상을 내기 위해 금을 다른 금속과 섞는다. 금과 구리를 섞으면 로즈골드가 되는데, 반지나 목걸이 등에 주로 사용된다.

(   )

05 다음 ㉠과 ㉡에 들어갈 알맞은 낱말을 바르게 짝 지은 것은 무엇인가요?

( )

> 아프리카에는 마실 물이 없어 사람들이 흙탕물을 그대로 마시는 곳이 있다. 이를 본 과학자들은 사람들이 맑은 물을 마실 수 있도록 흙탕물을 깨끗하게 걸러 주는 '생명을 구하는 빨대'를 만들었다. 이 빨대는 ㉠ 의 크기 차이를 이용해 물속에 있는 흙을 ㉡ (으)로 걸러 내는데, 빨대 하나로 물 천 리터를 걸러 낼 수 있다고 한다.

① ㉠: 분리 - ㉡: 혼합물   ② ㉠: 순물질 - ㉡: 혼합물

③ ㉠: 혼합물 - ㉡: 순물질   ④ ㉠: 알갱이 - ㉡: 거름종이

⑤ ㉠: 거름종이 - ㉡: 알갱이

06 다음 빈칸에 공통으로 들어갈 낱말로 알맞은 것은 무엇인가요? ( )

> 우유에는 단백질과 지방 등 다양한 물질이 섞여 있다. 우유에서 걸러 낸 단백질로 치즈를 만들 수 있고, 우유에서 지방을 ☐ 하면 저지방 우유나 무지방 우유가 된다. ☐ 된 지방은 크림으로 만든 다음 세게 휘젓고 소금을 넣어 굳히면 버터가 된다.

① 분리   ② 혼합물   ③ 알갱이   ④ 순물질   ⑤ 거름종이

2단계 　활용

07 다음 보기의 낱말 중 하나를 골라서 짧은 문장을 각각 만들어 쓰세요.

> **보기**
>
> | 혼합물 | 순물질 | 알갱이 |

(1) **낱말** ✎ _____

　　문장 ✎ _____

(2) **낱말** ✎ _____

　　문장 ✎ _____

낱말밭

토마토는 더운 듯 부채질을 했어요. 그러면서 오늘은 햇빛이 쨍쨍해서 **광합성**하기 딱 좋은 날이라고 말했어요.

광 합 성

무럭무럭 자라고 있는 어린 가지는 많은 **양분**이 필요해요. 그래서 뿌리를 더 깊숙이 뻗치기 위해 힘을 주었어요.

양 분

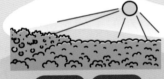

식 물

햇빛이 쨍쨍한 날, 농장에서 토마토와 가지, 배추, 호박 같은 **식물**들이 이야기꽃을 피우고 있어요.

이 산 화 탄 소

넓은 잎을 가지고 있는 배추 아저씨는 어린 가지에게 **이산화 탄소**를 마시는 것이 중요하다고 말했어요.

증 산 작 용

호박은 오늘은 너무 더우니 열을 식히자고 말했어요. 호박의 말을 듣고, 식물들이 모두 **증산 작용**을 시작했어요.

다음 글을 읽으며, 빈칸에 들어갈 낱말을 낱말밭에서 찾아 각각 써 보세요.

(1) [ㅅ | ㅁ] 은/는 뿌리, 줄기, 잎 등 여러 부분으로 구성되어 있다. 뿌리는 식물을 지탱하고 땅속에서 물을 흡수하는 역할을 한다. 뿌리가 흡수한 물은 줄기를 통해 식물의 각 부분으로 이동한다.

잎 역시 여러 가지 중요한 역할을 한다. 사람이 음식에서 에너지를 얻는 것처럼, 식물은 잎의 (2) [ㄱ | ㅎ | ㅅ] 작용을 통해 에너지를 얻는다. 광합성은 햇빛과 식물의 뿌리에서 빨아들인 물, 공기 중의 (3) [ㅇ | ㅅ | ㅎ | ㅌ | ㅅ] 을/를 사용해 식물이 살아가는 데 필요한 (4) [ㅇ | ㅂ] 을/를 만드는 과정이다. 잎에서 만들어진 양분은 줄기를 통해 열매, 뿌리 등 양분이 필요한 부분으로 이동한다.

식물의 잎에는 우리 눈에 보이지 않는 작은 구멍이 있는데, 이를 기공이라고 부른다. 식물이 사용하고 남은 물은 이 기공을 통해 식물 밖으로 빠져나가며, 이를 (5) [ㅈ | ㅅ | ㅈ | ㅇ] (이)라고 한다. 식물은 증산 작용을 통해 뿌리에서 흡수한 물을 식물의 꼭대기까지 끌어올리고, 강한 햇볕이 내리쬐어도 온도를 일정하게 유지할 수 있다.

낱말밭 사전

확인 ☑

* **식물** 한곳에 붙박여 살면서 스스로 양분을 만드는 생물. ☐

* **광합성** 식물이 빛과 이산화 탄소, 물을 이용하여 스스로 양분을 만드는 것. ☐

* **양분** 생물이 살아가는 데 필요한 성분. ☐

* **이산화 탄소** 동물이 숨을 내쉬거나 물질이 탈 때 생기는 기체. ☐

* **증산 작용** 식물체 안의 물이 기공을 통해 밖으로 빠져나가는 현상. ☐

01 다음 뜻을 가진 낱말을 (보기)에서 찾아 쓰세요.

> **보기**
>
> 식물   양분

(1) 생물이 살아가는 데 필요한 성분. (   )

(2) 한곳에 붙박여 살면서 스스로 양분을 만드는 생물. (   )

02 다음 초성을 보고, 빈칸에 들어갈 알맞은 낱말을 쓰세요.

(1) | ㅇ | ㅅ | ㅎ | ㅌ | ㅅ |

✎ 사이다, 콜라 같은 탄산음료에는 (   )이/가 녹아 있다.

(2) | ㅅ | ㅁ |

✎ 동물과 달리 (   )은/는 뿌리가 땅속에 있어 움직이지 못한다.

03 다음 문장에 어울리는 낱말을 찾아 ○표 하세요.

(1) 식물의 잎이 많을수록 (양분 , 증산 작용)이 활발하게 일어난다.

(2) 오랫동안 (광합성 , 이산화 탄소)을/를 하지 못한 식물이 시들어 가고 있다.

04 다음 ㉠과 ㉡에 들어갈 알맞은 낱말을 바르게 짝 지은 것은 무엇인가요?

(   )

> 우리가 코로 산소를 마시는 것처럼 식물은 잎에 난 구멍인 기공을 통해 기체를 교환한다. 광합성을 위해 꼭 필요한 기체인 [㉠]을/를 마시고, 광합성으로 만든 산소를 내보낸다. 그리고 식물은 기공을 통해 수증기 상태로 물을 내보낸다. 만약 뿌리가 물을 많이 흡수하지 못하면 식물은 기공을 닫아 물이 빠져나가지 못하게 [㉡]을/를 멈춘다.

① ㉠: 양분 - ㉡: 광합성   ② ㉠: 식물 - ㉡: 광합성

③ ㉠: 양분 - ㉡: 증산 작용   ④ ㉠: 이산화 탄소 - ㉡: 광합성

⑤ ㉠: 이산화 탄소 - ㉡: 증산 작용

05 다음 빈칸에 들어갈 낱말을 보기 에서 찾아 쓰세요.

> **보기**
>
> 양분   광합성

> 식물의 잎은 초록색을 띤다. 이는 잎 속에 있는 '엽록체'가 햇빛의 여러 가지 색깔 중에서 다른 색깔은 모두 빨아들이고 초록색만 반사하기 때문이다. 엽록체에서 물과 이산화 탄소를 원료로 하여 이루어지는 ⃝ 으로 식물은 녹말 같은 ⃝ 을 만든다. 이렇게 만들어진 녹말은 식물 곳곳에 저장이 되며, 식물이 꽃을 피우고 열매를 맺는 데 사용된다.

(1) ㉠: (   )   (2) ㉡: (   )

06 다음 밑줄 친 부분과 뜻이 비슷한 낱말을 찾아 쓰세요.

> 동물은 양분을 스스로 만들지 못하기 때문에, 육식 동물은 약한 초식 동물을 잡아먹으며 살아간다. 초식 동물이 먹는 식물은 한곳에 붙박여 살면서 스스로 양분을 만드는 생물이다. 이들이 없다면 초식 동물과 초식 동물을 잡아먹는 육식 동물도 사라질 수 있다.

(   )

2단계 활용

07 다음 보기 와 같이 주어진 낱말을 넣어 짧은 문장을 만들어 쓰세요.

> **보기**
>
> 양분
>
> ✎ 사람은 음식에서 몸에 필요한 양분을 얻는다.

(1) 광합성

✎ --

(2) 증산 작용

✎ --

호기심이 생긴 나는 작은 생물을 찾아보다가 깜짝 놀랐어요. 내가 좋아하는 반찬인 버섯이 **균류**라는 미생물이래요.

균 류

균류의 다른 종류로 빵을 만드는 **효모**도 있대요. 빵에 작은 생물이 들어 있다니 마치 빵이 숨을 쉬는 것 같아요.

효 모

현 미 경

뉴스에서 컴퓨터 키보드에 묻어 있는 것들을 **현미경**으로 보여 주었어요. 화면에는 길쭉한 물체가 여러 개 보였어요.

원 생 생 물

반찬으로 먹는 파래는 **원생생물**이래요. 파래가 바다에서 자라는 식물인 줄 알았는데, 그게 아니었어요.

세 균

내가 뉴스에서 본 작은 생물은 **세균**이었어요. 세균은 질병을 일으킬 수 있으니 조심해야 해요.

다음 글을 읽으며, 빈칸에 들어갈 낱말을 낱말밭에서 찾아 각각 써 보세요.

지구에는 동물과 식물의 수보다 더 많은 미생물이 살고 있다. 미생물은 너무 작아서 맨눈으로는 볼 수 없지만, (1) ㅎ ㅁ ㄱ 이/가 발명되면서부터 볼 수 있게 됐다.

우리가 주변에서 흔히 볼 수 있는 미생물은 곰팡이와 버섯 같은 (2) ㄱ ㄹ (이)다. 균류는 실 모양으로 생긴 세포로 이루어져 있다. 균류 중 하나인 (3) ㅎ ㅁ 은/는 주로 빵을 발효할 때 이용한다.

학교나 공원의 연못 물을 떠서 현미경을 통해 보면 그 안에서 짚신벌레 같은 (4) ㅇ ㅅ ㅅ ㅁ 도 관찰할 수 있다. 원생생물 중에는 식물처럼 광합성을 하는 것도 있고, 동물처럼 먹이를 먹는 것도 있다.

생물체 가운데 가장 작은 종류인 (5) ㅅ ㄱ 은/는 생물의 몸이나 흙, 플라스틱, 철 등 어디에나 산다. 방송에 자주 나오는 대장균이나 유산균도 세균의 하나이다. 세균은 미생물 중에서도 가장 종류가 많아 지금까지 발견된 것만 9,000가지가 넘는다고 한다.

낱말밭 사전

확인 ☑

* **현미경** 맨눈으로 볼 수 없는 아주 작은 물체나 물질을 크게 보이게 하는 기구. ☐

* **균류** 스스로 양분을 만들지 못하고 다른 생물에 붙어사는 곰팡이와 버섯 같은 생물. ☐

* **효모** 식품을 만들 때, 발효와 부풀리기에 쓰는 균류의 하나. ☐

* **원생생물** 동물, 식물, 균류로 분류되지 않는 단세포 생물을 두루 이르는 말. ☐

* **세균** 생물체 가운데 가장 작고 구조가 단순한 생물. ☐

01 다음 낱말의 뜻으로 알맞은 것을 보기 에서 찾아 기호를 쓰세요.

> **보기**
> ㉠ 생물체 가운데 가장 작고 구조가 단순한 생물.
> ㉡ 식품을 만들 때, 발효와 부풀리기에 쓰는 균류의 하나.
> ㉢ 동물, 식물, 균류로 분류되지 않는 단세포 생물을 두루 이르는 말.

(1) 효모 (   )   (2) 세균 (   )   (3) 원생생물 (   )

02 다음 문장의 빈칸에 들어갈 낱말을 보기 에서 찾아 쓰세요.

> **보기**
> 세균   현미경

(1) 학생들은 (   )을 통해 미생물을 관찰하였다.

(2) 오래된 빵에서 대장균 같은 (   )이 발견되었다.

03 다음 중 밑줄 친 낱말이 바르게 사용된 것을 찾아 ○표 하세요.

① 고대 이집트에서는 효모를 이용해 빵을 만들었다. (   )

② 현미경은 땅이나 물, 다른 생물의 몸 등 어느 곳에나 있다. (   )

04 다음 빈칸에 공통으로 들어갈 낱말로 알맞은 것은 무엇인가요? (   )

> 빵을 잘라 보면 단면에 구멍이 숭숭 뚫린 것을 확인할 수 있다. 이 구멍은 [   ] 때문에 생긴다. 빵을 만들 밀가루 반죽에 [   ]을/를 넣으면 발효가 되면서 알코올과 함께 이산화 탄소가 생겨난다. 이 이산화 탄소는 밖으로 나가려고 반죽을 밀어내 빵을 부풀게 한다. 이때 미처 빠져나가지 못한 이산화 탄소는 빵에 수많은 구멍을 만든다.

① 균류   ② 세균   ③ 효모   ④ 현미경   ⑤ 원생생물

05 다음 ㉠과 ㉡에 들어갈 알맞은 낱말을 바르게 짝 지은 것은 무엇인가요?

(   )

> 국립생물자원관은 우리나라의 태안 염전과 제주도에서 동물, 식물, 균류가 아닌 새로운 ㉠ 4종을 발견했다고 발표했다. 이는 광학 ㉡ (으)로 관찰한 것으로, 이번에 발견한 이 ㉠ 은/는 피부를 보호해 주는 데 탁월한 엑토인이라는 성분이 풍부하다고 알려졌다.

① ㉠: 균류 - ㉡: 효모   ② ㉠: 세균 - ㉡: 균류   ③ ㉠: 균류 - ㉡: 현미경

④ ㉠: 세균 - ㉡: 현미경   ⑤ ㉠: 원생생물 - ㉡: 현미경

06 다음 글을 읽고, 빈칸에 들어갈 알맞은 낱말을 쓰세요.

> 1928년, 영국의 플레밍이 푸른곰팡이 주변에 세균이 죽어 있는 것을 발견했다. 플레밍은 푸른곰팡이를 연구해서 사람에게 병을 일으키는 나쁜 세균을 죽이는 물질인 '페니실린'을 찾아냈다. 우연히 발견한 물질로 인해 세균 때문에 생기는 질병을 치료할 수 있는 길이 열렸다.

→ ☐☐을 극복한 발견, 페니실린

2단계   **활용**

07 다음 보기와 같이 주어진 낱말을 넣어 짧은 문장을 만들어 쓰세요.

> **보기**
>
> 현미경
>
> ✎ 곰팡이는 돋보기나 <u>현미경</u>으로 자세히 볼 수 있다.

균류

✎ --

08 다음 두 낱말을 모두 넣어 짧은 문장을 만들어 쓰세요.

> 효모   현미경

✎ --

01 다음 문장의 빈칸에 들어갈 낱말을 **보기**에서 찾아 쓰세요.

> **보기**
>
> 가열   얼음   알갱이

(1) 물을 계속 (   )하면 물속에서 기포가 생긴다.

(2) 거름종이 위에는 (   )이/가 큰 모래만 남아 있었다.

(3) 생선이 상하지 않도록 아빠는 생선 위에 차가운 (   )을/를 뿌렸다.

02 다음 문장에 어울리는 낱말을 찾아 ○표 하세요.

(1) 기온이 높고 강수량이 많은 지역에서 (순물질 , 식물)이 잘 자란다.

(2) (현미경 , 세균)을 이용하면 맨눈으로는 볼 수 없는 작은 물체를 볼 수 있다.

03 다음 중 밑줄 친 낱말을 바르게 사용하여 말한 친구의 이름을 쓰세요.

예방 주사를 맞기 전에 소독용 알코올을 바르니까 알코올이 <u>균류</u>해서 너무 시원했어.

미나

맞아. 소독용 알코올은 물보다 빠르게 <u>증발</u>하면서 열을 빼앗아 가는 특징이 있어.

현우

(   )

04 다음 ㉠과 ㉡에 들어갈 알맞은 낱말을 바르게 짝 지은 것은 무엇인가요?

(   )

> 젖은 빨래가 마르는 것은 [㉠]이/가 기체로 변해 공기 중으로 날아가기 때문이다. 이런 증발 현상은 물의 기체 상태인 [㉡]이/가 적어서 공기가 건조하고, 바람이 강할수록 잘 일어난다. 그래서 빨래는 바람이 부는 건조한 날에 잘 마른다.

① ㉠: 물 - ㉡: 얼음   ② ㉠: 물 - ㉡: 식물   ③ ㉠: 물 - ㉡: 수증기

④ ㉠: 얼음 - ㉡: 알갱이   ⑤ ㉠: 알갱이 - ㉡: 수증기

정답 및 해설 33쪽

05 다음 빈칸에 공통으로 들어갈 낱말은 무엇인가요? (　　　　　)

> ☐☐☐은/는 지구상에서 가장 작고 구조가 단순한 생물이다. 요구르트나 김치에는 ☐☐☐의 하나인 유산균이 있어 건강에 도움이 되지만, 위장에 있는 헬리코박터균은 위염이나 위암의 주요 원인으로 지목된다.

① 균류　　　② 세균　　　③ 효모　　　④ 순물질　　　⑤ 원생생물

06 다음 밑줄 친 부분과 뜻이 비슷한 낱말은 무엇인가요? (　　　　　)

> 열대 우림에는 비가 적게 내릴 때도 작은 구름이 많이 보인다. 이는 <u>식물체 안의 물이 기공을 통해 밖으로 빠져나가는 현상</u> 때문이다. 수많은 나무가 뿜어내는 수증기로 인해 작은 구름이 많이 생기는 것이다.

① 증발　　　② 분리　　　③ 가열　　　④ 광합성　　　⑤ 증산 작용

07 다음 빈칸에 들어갈 알맞은 낱말을 **보기**에서 찾아 쓰세요.

> **보기**
>
> 광합성　　　　　원생생물

> 식물이나 동물로 분류되지 않는 ☐　㉠　☐ 중에는 동물이나 식물의 특징을 가지고 있는 것이 있다. 짚신벌레는 물속을 헤엄치며 동물처럼 먹이를 잡아먹는다. 유글레나는 몸에 있는 엽록체로 식물처럼 햇빛을 받아 ☐　㉡　☐(으)로 스스로 양분을 만든다.

(1) ㉠: (　　　　　　　)　　(2) ㉡: (　　　　　　　)

08 다음 밑줄 친 낱말과 뜻이 비슷한 낱말을 찾아 쓰세요.

> 콩물을 만들 때 잘 불린 콩을 갈아 베주머니에 넣고 짜면 찌꺼기인 비지와 콩물이 분리된다. 베주머니가 혼합물을 걸러 주는 <u>여과지</u> 역할을 하기 때문이다. 이는 거름종이를 이용해 혼합물을 걸러 주는 것과 같은 원리이다.

(　　　　　　　)

[09~11] 다음 글을 읽고, 물음에 답하세요.

치즈의 유래와 종류

우유는 두 가지 이상의 물질이 섞인 ⓐ ⓐ 인데, 여기에서 단백질을 분리하여 만든 것이 치즈다. 치즈가 언제부터 만들어졌는지 정확하게 파악하기는 어렵지만, 인류가 가축의 젖을 먹으면서부터 만들어졌을 것으로 추정된다. 최초의 치즈는 가축의 젖이 저절로 발효되면서 만들어졌을 것이다.

▲ 치즈

치즈는 만드는 방법에 따라 발효하지 않은 치즈, 세균을 넣어 발효시킨 치즈, 곰팡이로 발효시킨 치즈로 나뉜다. 피자에 얹는 모차렐라 치즈나 샐러드에 넣는 리코타 치즈는 발효하지 않고 열을 가하여 만든 치즈이다. 세균을 넣은 치즈에는 체더치즈나 파르메산 치즈 등이 있다. 스스로 ⓑ ⓑ 을/를 만들지 못하고 다른 생물에 붙어사는 균류 중 흰 곰팡이를 넣어서 만드는 카망베르나 브리 치즈도 있다.

발효시켜 만든 치즈에는 '치즈의 눈'이라고 부르는 구멍이 생긴다. 치즈를 만들 때 넣은 세균이 치즈 속 유당을 양분으로 먹고 이산화 탄소를 내보내는데, 이 기체가 단단하게 굳은 치즈에 막혀 빠져나가지 못하고 구멍을 만드는 것이다.

09 다음 뜻을 가진 낱말을 윗글에서 찾아 쓰세요.

> 생물체 가운데 가장 작고 구조가 단순한 생물.

(   )

10 ⓐ과 ⓑ에 들어갈 알맞은 낱말을 **보기**에서 찾아 쓰세요.

> **보기**
>
> 양분   알갱이   순물질   혼합물

(1) ⓐ: (   )   (2) ⓑ: (   )

11 다음은 이 글의 주제입니다. 빈칸에 들어갈 알맞은 낱말은 무엇인가요?

(   )

> 우유에서 ☐☐ 한 단백질로 다양한 치즈를 만들 수 있다.

① 증발   ② 얼음   ③ 분리   ④ 균류   ⑤ 효모

디지털 속 한 문장

다음을 보고, **광합성**이라는 낱말을 넣어 ㉠에 들어갈 문장이나 글을 쓰세요.

수학 필수 어휘

뜻 직선과 직선이 나란히 있어 서로 만나지 않음.

예 평행한 두 직선은 아무리 길게 늘여도 만나지 않는다.

뜻 직선과 직선, 평면 등이 서로 만나 직각을 이루는 상태.

예 건물이 땅에 수직으로 서 있다.

뜻 0도보다 크고 직각보다 작은 각.

예 예각은 직각보다 작아서 날카롭다.

뜻 직각보다 크고 180도보다 작은 각.

예 둔각은 직각보다 커서 날카롭지 않다.

이등변삼각형

뜻 두 변의 길이가 같은 삼각형.

예 두 변의 길이가 같은 <u>이등변 삼각형</u>은 두 각의 크기도 같다.

정삼각형

뜻 세 변의 길이가 같은 삼각형.

예 세 변의 길이가 같은 <u>정삼각형</u>은 세 각의 크기도 같다.

직각삼각형

뜻 한 각이 직각인 삼각형.

예 <u>직각 삼각형</u>에서 직각을 마주 보는 변이 가장 길다.

직사각형

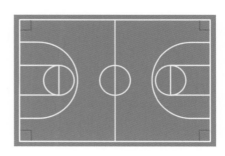

뜻 네 각이 모두 직각인 사각형.

예 농구 코트는 <u>직사각형</u>으로 되어 있다.

정사각형

뜻 네 변의 길이가 모두 같고, 네 각이 모두 직각인 사각형.

예 아빠는 떡을 정사각형 모양으로 반듯하게 잘라 주셨다.

사다리꼴

뜻 마주 보는 한 쌍의 변이 서로 평행한 사각형.

예 정사각형이나 직사각형도 사다리꼴에 속한다.

평행사변형

뜻 서로 마주 대하는 두 쌍의 변이 각각 평행인 사각형.

예 평행사변형은 마주 보는 두 변과 각의 크기가 같다.

마름모

뜻 네 변의 길이가 모두 같은 사각형.

예 마름모로 된 연이 하늘을 날고 있다.

다각형

뜻 셋 이상의 선분으로 둘러싸인 평면 도형.

예 아빠는 다양한 다각형 모양으로 된 쿠키를 구우셨다.

대각선

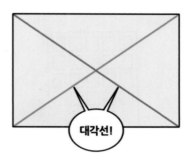

뜻 다각형에서 서로 이웃하지 않은 두 꼭짓점을 이은 선분.

예 사각형부터 대각선을 그을 수 있다.

정다각형

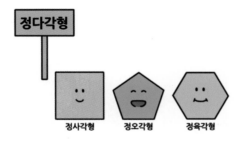

뜻 변의 길이와 각의 크기가 모두 같은 다각형.

예 정다각형은 변의 수에 따라 정삼각형, 정사각형 등으로 부른다.

각도기

뜻 각의 크기를 잴 때 사용하는 기구.

예 각도기 사용 시 각도기의 밑금을 각의 변에 정확히 맞추어야 한다.

1 도

뜻 각도의 단위로 1도는 직각의 $\frac{1}{90}$과 같음.

예 건물은 1도만 기울어져도 무너질 가능성이 있다.

쌍

뜻 둘을 하나로 묶어 세는 단위.

예 비둘기 한 쌍이 하늘을 날고 있다.

개 수

뜻 한 개씩 낱으로 셀 수 있는 물건의 수.

예 과수원에서 딴 사과의 개수를 세었다.

배 열

뜻 일정한 차례나 간격에 따라 벌여 놓음.

예 책장에 책이 보기 좋게 배열되어 있다.

규칙

뜻 어떤 일이 일어날 때 자주 나타나는 정해진 질서나 법칙.

예 도형을 일정한 규칙에 따라 연결하면 다양한 무늬를 얻을 수 있다.

가로

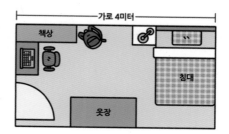

뜻 왼쪽에서 오른쪽으로 나 있는 방향이나 그 길이.

예 내 방은 가로가 4미터나 된다.

세로

뜻 위에서 아래로 나 있는 방향이나 그 길이.

예 옛날 책을 보면 글을 세로로 썼다.

막대그래프

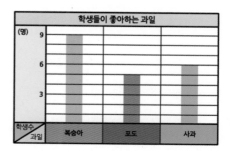

뜻 조사한 수를 막대 모양으로 나타낸 그래프.

예 막대그래프는 수량의 많고 적음을 한눈에 알 수 있다.

도움을 준 학생들

다음은 '초등 어휘 이해도 진단' 이벤트에 참여한 학생들 이름입니다.

여러분의 참여가 저희 책에 중요한 밑거름이 되었습니다. 진심으로 감사드립니다.

혹시 이름이 빠지거나 잘못 기재된 분들은 NE능(1833-8368)를로 연락해 주시기를 바랍니다.

강서연	강승비	강채은	권다은	권단우	권보미	권소미	권주영	김경서	김고은
김도건	김동현	김민채	김서연	김세희	김소현	김수민	김수현	김시우	김시윤
김시현	김온유	김용하	김주연	김지언	김지용	김지우	김지율	김찬유	김태은
김학수	김한결	김한별	김호진	김효준	김수현	나서진	나윤하	남궁솔	남궁율
노현주	류시우	박서린	박예람	박예준	박은빈	박은서	박진기	박진모	방다윤
방서현	배재협	서하람	서해든	송예원	송재율	송지은	신민규	신아성	심새본
안우석	안효근	양건준	양승혁	양시온	양한결	양현수	염준호	염채나	오승택
오연택	유강우	유상우	유지현	윤민석	윤민하	윤지후	이가연	이다빈	이다연
이다온	이도현	이서범	이서현	이선	이승우	이예찬	이유진	이유찬	이윤슬
이은우	이준	이지율	이창우	이채원	이태선	임현준	장성근	전지우	정다율
정한결	조유림	조유빈	조유이	조유환	조찬영	조하율	차시후	천소윤	최다연
최도윤	최윤서	최은서	최효서	최효주	한제인	허훈민	현승민	현정민	현진
홍지효	홍현승								

달달 읽고 곰곰 생각하는

달곰한 시리즈

NE 능률

어휘 강화!
교과 학습
기본기 강화

독해 강화!
분석력, 통합력,
사고력 강화

달곰한 문해력
기본서

초등교사 100인 추천!
'3회독 학습법'으로
문해력 기본기를 다져요.

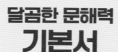

달곰한 문해력
초등 어휘

'낱말밭 어휘 학습'으로
각 학년 필수 교과 어휘를
완성해요.

**학습의
순환 구조에 따른**
어휘력, 독해력
상호 강화!

달곰한 문해력
초등 독해

초등 최초! '주제 연결 독해법' 도입!
하나의 주제로 연결된
2개의 글을 읽어요.

달달 읽고 곰곰 생각하는

공부한 날짜   월   일

05~08 낱말밭 주간학습

정답 및 해설 33쪽

01 다음 문장의 빈칸에 들어갈 낱말을 보기에서 찾아 쓰세요.

보기
가열   얼음   알갱이

(1) 물을 계속 (가열)하면 물속에 기포가 생긴다.
(2) 거름종이 위에는 (알갱이)이/가 큰 모래만 남아 있었다.
(3) 생선이 상하지 않도록 아빠는 생선 위에 차가운 (얼음)을/를 뿌렸다.

02 다음 문장에 어울리는 낱말을 찾아 ○표 하세요.

(1) 기온이 높고 강수량이 많은 지역에서 (순물질, (식물))이 잘 자란다.
(2) ((현미경), 세균)을 이용하면 맨눈으로는 볼 수 없는 작은 물체를 볼 수 있다.

03 다음 중 밑줄 친 낱말을 바르게 사용하여 말한 친구의 이름을 쓰세요.

미나: 예방 주사를 맞기 전에 소독용 알코올을 바르니까 알코올이 균류여서 너무 시원했어.

현우: 맞아. 소독용 알코올은 물보다 빠르게 증발하면서 열을 빼앗아 가는 특징이 있어.

(현우)

04 다음 ㉠과 ㉡에 들어갈 알맞은 낱말을 바르게 짝 지은 것은 무엇인가요? (③)

젖은 빨래가 마르는 것은 ㉠이/가 기체로 변해 공기 중으로 날아가기 때문이다. 이런 증발 현상은 물의 기체 상태인 ㉡이/가 적어서 공기가 건조하고, 바람이 강할수록 잘 일어난다. 그래서 빨래는 바람이 부는 건조한 날에 잘 마른다.

① ㉠: 물 - ㉡: 얼음   ② ㉠: 물 - ㉡: 식물   ③ ㉠: 물 - ㉡: 수증기
④ ㉠: 얼음 - ㉡: 알갱이   ⑤ ㉠: 알갱이 - ㉡: 수증기

해설 ㉠은 젖은 빨래가 마를 때 공기 중으로 날아가는 것으로 '물'이, ㉡은 물이 기체 상태로 변한 것으로 '수증기'가 알맞습니다.

해설 생물체 가운데 가장 작고 구조가 단순한 생물은 '세균'입니다. 유산균이나 헬리코박터균은 세균의 종류입니다.

05 다음 빈칸에 공통으로 들어갈 낱말은 무엇인가요? (②)

□□은/는 지구상에서 가장 작고 구조가 단순한 생물이다. 요구르트나 김치에는 □□의 하나인 유산균이 있어 건강에 도움이 되지만, 위장에 있는 헬리코박터균은 위염이나 위암의 주요 원인으로 지목된다.

① 균류   ② 세균   ③ 효모   ④ 순물질   ⑤ 원생생물

06 다음 밑줄 친 부분과 뜻이 비슷한 낱말은 무엇인가요? (⑤)

열대 우림에는 비가 적게 내릴 때도 작은 구름이 많이 보인다. 이는 식물체 안의 물이 기공을 통해 밖으로 빠져나가는 현상 때문이다. 수많은 나무가 뿜어내는 수증기로 인해 작은 구름이 많이 생기는 것이다.

① 증발   ② 분리   ③ 가열   ④ 광합성   ⑤ 증산 작용

해설 (1)은 식물이나 동물로 분류되지 않는 것으로 '원생생물'이, (2)는 식물의 성격을 갖춘 원생생물이 양분을 얻기 위해 하는 활동으로 '광합성'이 들어가야 합니다.

07 다음 빈칸에 들어갈 알맞은 낱말을 보기에서 찾아 쓰세요.

보기
광합성   원생생물

식물이나 동물로 분류되지 않는 ㉠ 중에는 동물이나 식물의 특징을 가지고 있는 것이 있다. 짚신벌레는 물속을 헤엄치며 동물처럼 먹이를 잡아먹는다. 유글레나는 몸에 있는 엽록체로 식물처럼 햇빛을 받아 ㉡(으)로 스스로 양분을 만든다.

(1) ㉠: (원생생물) (2) ㉡: (광합성)

08 다음 밑줄 친 낱말과 뜻이 비슷한 낱말을 찾아 쓰세요.

콩물을 만들 때 갈아 불린 콩을 갈아 베주머니에 넣고 짜주면 찌꺼기인 비지와 콩물이 분리된다. 베주머니가 혼합물을 걸러 주는 여과지 역할을 하기 때문이다. 이는 거름종이를 이용해 혼합물을 걸러 주는 것과 같은 원리이다.

(거름종이)

해설 여과지는 혼합물을 알갱이 크기에 따라 걸러주는 역할을 하는데, 이와 비슷한 것으로 '거름종이'가 있습니다.

[09~11] 다음 글을 읽고, 물음에 답하세요.

치즈의 유래와 종류

우유는 두 가지 이상의 물질이 섞인 ㉠인데, 여기에서 단백질을 분리하여 만든 것이 치즈다. 치즈가 언제부터 만들어졌는지 정확하게 파악하기는 어렵지만, 인류가 가축의 젖을 먹으면서부터 만들어졌을 것으로 추정된다. 최초의 치즈는 가축의 젖이 저절로 발효되면서 만들어졌을 것이다.

치즈는 만드는 방법에 따라 발효하지 않은 치즈, 세균을 넣어 발효시킨 치즈, 곰팡이로 발효시킨 치즈로 나뉜다. 피자에 얹는 모차렐라 치즈나 샐러드에 넣는 리코타 치즈는 발효하지 않고 열을 가하여 만든 치즈다. 세균을 넣은 치즈에는 체더치즈나 파르메산 치즈 등이 있다. 스스로 ㉡을/를 만들지 못하고 다른 생물에 붙어사는 균류 중 흰 곰팡이를 넣어서 만드는 카망베르나 브리 치즈도 있다.

발효시켜 만든 치즈에는 '치즈의 눈'이라고 부르는 구멍이 생긴다. 치즈를 만들 때 넣은 세균이 치즈 속 유당을 양분으로 먹고 이산화 탄소를 내보내는데, 이 기체가 단단하게 굳은 치즈에 막혀 빠져나가지 못하고 구멍을 만드는 것이다.

▲ 치즈

09 다음 뜻을 가진 낱말을 윗글에서 찾아 쓰세요.

생물체 가운데 가장 작고 구조가 단순한 생물.

(세균)

해설 (1)은 두 가지 이상 물질이 섞인 '혼합물'이, (2)는 균류가 스스로 만들 수 없는 것으로 '양분'이 알맞습니다.

10 ㉠과 ㉡에 들어갈 알맞은 낱말을 보기에서 찾아 쓰세요.

보기
양분   알갱이   순물질   혼합물

(1) ㉠: (혼합물) (2) ㉡: (양분)

11 다음은 이 글의 주제입니다. 빈칸에 들어갈 알맞은 낱말은 무엇인가요? (③)

우유에서 □□한 단백질로 다양한 치즈를 만들 수 있다.

① 증발   ② 얼음   ③ 분리   ④ 균류   ⑤ 효모

해설 이 글은 우유에서 분리한 단백질을 활용하여 다양한 치즈를 만든다고 말합니다. 따라서 빈칸에 들어갈 알맞은 낱말은 '분리'입니다.

디지털 속 한 문장

정답 및 해설 33쪽

다음을 보고, 광합성이라는 낱말을 넣어 ㉠에 들어갈 문장이나 글을 쓰세요.

엄마: 승우야. 엄마가 깜박하고 화분을 마당으로 옮기는 것을 잊었어.

승우: 알겠어요! 방 청소 마무리하고 화분을 마당에 내놓을게요!

엄마: 고마워! 오늘은 해도 쨍쨍해서 승우 덕분에 식물들이 광합성 제대로 할 수 있겠네.

✎ 예 엄마! 화분은 해가 잘 드는 곳에 내놓았어요. 광합성 잘 하라고 물도 듬뿍 줬어요.

해설 승우가 엄마에게 화분을 내놓은 사진과 함께 할 수 있는 말을 '광합성'이라는 낱말을 넣어 씁니다.

어휘 평가 정답 및 해설

국어 어휘평가

01 ④	02 ⑤	03 ③	04 ④	05 ③	06 ①
07 ⑤	08 ②	09 ①	10 ②	11 ①	12 ⑤
13 ⑤	14 ④	15 ⑤	16 ④	17 ④	

02 '외래어'의 뜻은 '다른 나라에서 들어와 우리말처럼 쓰이는 말.'입니다. '우리말에 본디부터 있어서 옛날부터 써 온 말.'은 '고유어'의 뜻입니다.

03 '의사소통'의 뜻으로 알맞은 ③입니다. ①은 '기록', ②는 '계획', ④는 '해설', ⑤는 '침해'의 뜻입니다.

04 관찰하거나 조사한 내용, 실험의 결과 등을 정리해서 쓴 글을 '보고하는 글'이라고 합니다. 이때 관찰이나 조사 등의 연구의 바탕이 되는 문제가 '주제(㉠)'이며, 앞으로 할 일을 미리 생각하여 정하는 것을 '계획(㉡)'이라고 합니다.

06 '미꾸라지 한 마리가 한강 물을 다 흐리게 한다'처럼 옛날부터 전해 내려오는 지혜가 담긴 짧은 말을 '속담'이라고 합니다.

07 '절차'는 '일을 하는 데 거치는 순서나 방법.'을 뜻하는 말입니다. 사회 관계망 서비스는 책이나 라디오, 텔레비전처럼 '지식이나 정보를 나누고 알리는 물건이나 방법.'에 해당하므로, '절차'를 '매체'로 바꾸어야 합니다.

08 '발이 넓다.'는 '사귀어 아는 사람이 많아 활동하는 범위가 넓다.'는 뜻이며, '꼬리가 길다.'는 '못된 짓을 오래 두고 계속하다.'는 뜻입니다. 발과 넓다, 꼬리와 길다가 모두 둘 이상 낱말로 이루어져 원래 뜻과는 다른 새로운 뜻으로 쓰였습니다. 이를 통해 이것을 모두 아우를 수 있는 낱말은 '관용어'임을 알 수 있습니다.

10 ㉡의 '완독'은 '글이나 책을 끝까지 모두 읽음.'이라는 뜻입니다. 따라서 이를 문장의 뜻에 알맞게 '가지고 있는 생각이나 뜻을 서로 나눔.'을 뜻하는 '의사소통'으로 고쳐야 합니다.

16 ㉮는 스톡홀름 회의가 가지는 가치를 헤아리고 있으므로 '평가'가 어울립니다. ㉯는 유엔 환경 계획이 유엔에서 환경과 관련한 일을 한다는 뜻으로 '어떤 일의 결과를 얻기 위하여 힘씀.'을 뜻하는 '활동'이 들어가야 합니다.

사회 어휘평가

01 ⑤	02 ④	03 ⑤	04 ⑤	05 ⑤	06 ④
07 ④	08 ①	09 ⑤	10 ④	11 ②	12 ③
13 ①	14 ③	15 ③	16 ①	17 ②	

04 '소비'는 '돈, 물건, 시간 등을 써서 없앰.'을 뜻하는 말입니다. 택시 기사가 승객을 태우는 것은 소득을 만들어 내기 위한 활동이므로, '소비'를 '생산'로 바꾸어야 합니다.

06 ㉠은 새로운 길과 함께 교통수단이 발달했기에 '이동'이 알맞습니다. ㉡은 도시에서 사람들이 생활하면서 움직이는 테두리를 뜻하므로, '생활권'이 들어가야 합니다.

07 ①은 '존중', ②는 '선택', ③은 '개표', ⑤는 '차별'의 뜻입니다.

08 이 글은 선거가 이루어지는 과정에 대한 설명입니다. 따라서 빈칸에는 '투표로 여러 사람 중에서 일을 맡아 할 사람을 뽑는 일.'을 뜻하는 '선거'가 들어가야 합니다.

11 이 글은 뉴질랜드에서 여성이 투표에 참여할 권리를 얻어 낸 과정을 담은 글입니다. 선거에서 자신의 의견을 표시한다는 표현으로, ㉠에 들어갈 말이 '투표'임을 알 수 있습니다.

12 ①은 '역사', ②는 '발달', ④는 '다문화', ⑤는 '생산'의 뜻입니다.

13 국가 기관 중 '입법부'는 '법을 만드는 일을 하는 국가 기관.'입니다.

14 ㉠은 '사람들이 원하는 것은 많으나, 그것이 드물거나 모자란 상태.'를 뜻하므로, '희소성'이 들어가야 합니다. 또, ㉡은 사람이 살아가고 생산에 필요한 것을 통틀어 이르는 것을 가리키는 '자원'이 알맞습니다.

15 이 글에서 고려는 여진족, 거란족 등 여러 민족이 어울려 살며, 다양한 문화를 하나로 녹여냈던 나라였습니다. 따라서 빈칸에는 '다문화'가 어울립니다.

16 빈칸이 있는 문장은 고려와 여진족, 거란족이 땅을 맞대고 살았다는 뜻입니다. 따라서 빈칸에는 '한 나라의 주권이 미치는 땅.'을 뜻하는 '영토'가 알맞습니다.

01 ①	02 ④	03 ⑤	04 ⑤	05 ①	06 ④
07 ②	08 ④	09 ⑤	10 ②	11 ①	12 ③
13 ②	14 ③	15 ②	16 ⑤	17 ④	

01 ②는 '중력', ③은 '마찰력', ④는 '탄성력', ⑤는 '부력'의 뜻입니다.

02 바닷물의 작용으로 모래가 쌓여 모래사장이 만들어집니다. 따라서 빈칸에는 '물, 바람, 빙하의 움직임에 따라 자갈이나 모래가 쌓이는 일.'을 뜻하는 '퇴적'이 알맞습니다.

03 이 그림은 태양과 태양의 영향을 받는 공간과 천체로 이루어진 태양계의 모습입니다.

04 '식품을 만들 때, 발효와 부풀리기에 쓰는 균류 중의 하나.'는 '효모'입니다.

05 '한 곳에 붙박여 살면서 스스로 양분을 만드는 생물.'은 '식물'입니다.

06 ㉠은 지구 위의 물체가 지구로부터 받는 힘 때문에 아래로 떨어지는 것으로, '중력'이 들어가야 합니다. ㉡은 물체가 본래 모양으로 되돌아가려는 성질인 '탄성력'이 알맞습니다.

08 볼펜은 둥근 모양이라 마찰력이 적어 잘 굴러갈 수 있습니다. 따라서 '부력'을 '마찰력'으로 바꾸어야 합니다.

09 여과지는 흙탕물을 깨끗하게 걸러주는 역할을 합니다. 이와 뜻이 비슷한 낱말로 '액체에 섞인 찌꺼기나 건더기를 거르는 종이.'를 뜻하는 '거름종이'가 알맞습니다.

10 첫 번째, 두 번째 빈칸은 누르는 힘을 뜻합니다. 따라서 '밀거나 누르는 힘.'을 뜻하는 '압력'이 들어가야 합니다.

12 ㉠은 중심이 되는 큰 별의 주위를 도는 둥근 천체이므로, '행성'이 알맞습니다. 지동설은 지구를 포함한 행성들이 태양의 주위를 돈다는 주장이므로, ㉡에는 '태양'이 들어가야 합니다.

14 ③은 산속에 노인이 갑자기 사라졌다는 「2」의 뜻으로 쓰였습니다.

15 '혼합물'은 여러 가지 물질이 섞여 있는 것이므로, 여러 가지 방법을 이용해 분리할 수 있습니다. 그래서 물

리적인 방법으로 더 이상 나눌 수 없는 것은 '혼합물'과 어울리지 않습니다. ②에는 '혼합물' 대신 '순물질'을 넣어야 합니다.

16 ①은 '냉각', ②는 '가열', ③은 '분리', ④는 '증발'의 뜻입니다.

17 ㉮는 잎에서 생산하는 것으로, 잎은 광합성을 통해 '양분'을 생산합니다. ㉯는 잎이 가시로 된 식물의 광합성을 하는 방법을 말하고 있기에 '광합성'이 들어가야 합니다.

어휘 실력을 확인하는 방법

맞은 개수 17~14개 실력이 매우 우수합니다.
어휘의 사전적·문맥적 의미를 정확하게 이해하며 낱말을 논리적으로 활용할 수 있습니다.

맞은 개수 13~8개 실력이 보통입니다.
학습하는 데 필요한 용어를 이해하고 구분하여 쓸 줄 압니다. 다만 아직 문맥 속에서 뜻을 유추하거나 활용하는 능력이 부족해 보입니다. 어휘 이해력과 활용 능력을 향상시킬 필요가 있습니다.

맞은 개수 7~0개 실력이 다소 부족합니다.
교과서에 자주 등장하는 학습 도구 어휘와 교과서를 이해하는 데 꼭 필요한 국어 개념 어휘를 이해하지 못해 교과서를 읽는 데 어려움을 겪을 것으로 보입니다. 기본적인 교과 개념 어휘를 익히는 훈련이 필요합니다.

에모

www.neungyule.com

달곰한 문해력 초등 어휘

학년별 시리즈 안내

추천 학년	단계	어휘 교과 영역
초 1~2학년	1단계	국어, 사회, 과학, 수학
초 1~2학년	2단계	국어, 사회, 과학, 수학
초 3~4학년	3단계	국어, 사회, 과학, 수학
초 3~4학년	4단계	국어, 사회, 과학, 수학
초 5~6학년	5단계	국어, 사회, 과학, 수학
초 5~6학년, 예비 중 1	6단계	국어, 사회, 과학, 수학

NE능률 국어연구소

NE능률 국어연구소는 전문성과 탁월성을 기반으로
국어교육 트렌드를 선도합니다.

달곰한 문해력 초등 어휘 4단계

펴 낸 날	2024년 11월 15일(초판 1쇄)
펴 낸 이	주민홍
펴 낸 곳	(주)NE능률
지 은 이	NE능률 문해력연구회
개 발 책 임	장명준
개 발	류예지, 이자원, 박수희
디자인책임	오영숙
디 자 인	민유화, 김명진
제 작 책 임	한성일
등 록 번 호	제1-68호
I S B N	979-11-253-4880-1 63710

대 표 전 화	02 2014 7114
홈 페 이 지	www.neungyule.com
주 소	서울시 마포구 월드컵북로 396(상암동) 누리꿈스퀘어 비즈니스타워 10층 (우편번호 03925)